I0127257

PENSÉES

SUR DIVERS SUJETS,

ET

DISCOURS POLITIQUES.

TOME II.

S=85673

PENSÉES

SUR DIVERS SUJETS,

ET

DISCOURS POLITIQUES;

PAR M. DE BONALD.

TOME SECOND.

A PARIS,

Chez Adrien LE CLERE, Libraire-Imprimeur
de N. S. P. le Pape et de l'Archevêché de Paris,
quai des Augustins, n° 35;

ET CHEZ LES PRINCIPAUX LIBRAIRES.

1817.

OPINIONS

PRONONCÉES

A LA CHAMBRE DES DÉPUTÉS

DANS LES DEUX SESSIONS DE 1815 ET 1816.

RAPPORT

Fait au nom de la Commission centrale, sur la proposition de M. Hyde de Neuville, tendante à réduire le nombre des Tribunaux, et à suspendre l'Institution royale des Juges.

Séance du 15 novembre 1815.

Messieurs,

Je viens faire connoître à la Chambre l'opinion de sa commission centrale sur la proposition de M. Hyde de Neuville.

Cette proposition a deux objets bien distincts: réduction du nombre des cours et tribunaux; suspension, pendant un an, de l'institution royale, c'est-à-dire, de l'inamovibilité des places de judicature.

Jusqu'à la révolution qui introduisit dans la constitution de l'État d'autres éléments, et dans son administration de nouvelles formes, la justice étoit rendue dans chaque fief par les juges des seigneurs; dans chaque province, par un ou plusieurs tribunaux, bailliages, sénéchaussées, qui recevoient l'appel des sentences rendues par les juges des seigneurs, même des juges royaux du domaine, et qui relevoient eux-mêmes des cours souveraines, parlements ou conseils supérieurs. Ces cours ne reconnoissoient au-dessus d'elles que le Roi en son conseil, le Roi, auquel la justice remontoit, en dernier recours, comme à la source dont elle étoit émanée.

Les juges des cours souveraines étoient en même temps magistrats, c'est-à-dire, qu'ils participoient au pouvoir politique, soit de législation, soit d'exécution, 1°. par la fonction de conseil ou de remontrance sur les actes législatifs; 2°. par la fonction de haute police dans toute l'étendue de leur juridiction; 3°. par l'exercice de la justice criminelle en dernier ressort : *Jus supremum vitæ et necis* ; caractère incommunicable, attribut essentiel du pouvoir royal au nom duquel ils l'exerçoient.

Ainsi, la magistrature étoit alors le premier corps de l'administration, comme le sacerdoce étoit le premier corps de la constitution : admirable disposition qui avoit placé à la tête de la société la religion et la justice !

Les assemblées politiques qui se succédèrent en France, et qui finirent par se rendre perpétuelles, ne purent changer la constitution du pouvoir sans changer en même temps les formes de l'administration judiciaire. Les corps qui appliquoient la loi durent nécessairement s'abaisser devant le corps qui la faisoit ; l'ordre judiciaire perdit toute participation au pouvoir politique. Le droit de conseil ou de remontrance, réservé aux cours souveraines de magistrature, passa aux particuliers, et devint le droit de pétition individuelle ; la haute police, ou la police politique qu'elles exerçoient, passa entre les mains du gouvernement, et fit le département spécial d'un ministre : l'insti-

tution du jury donna au peuple le droit de
prononcer sur la vie et l'honneur des citoyens.
Les fonctions publiques s'individualisèrent, si
on peut le dire; elles devinrent une affaire de
particuliers, et les juges cessèrent d'être magistrats.

L'assemblée constituante, en divisant la sur-
face du royaume en départements à peu près
égaux, avoit changé tous les rapports judiciaires, déplacé toutes les juridictions, détruit
tous les tribunaux. Il fallut tout recréer; et
les députés des divers départements, jaloux
d'étaler leur crédit aux yeux de leurs concitoyens, ou de se ménager des places pour eux-
mêmes, obtinrent l'établissement de tribunaux dans toutes les villes, grandes ou petites,
et jusque dans les lieux les plus ignorés.

Les juges de paix remplacèrent donc les
juges des seigneurs, et les tribunaux de district s'élevèrent à la place des antiques bailliages
ou sénéchaussées. Dans les premiers temps,
l'appel fut déclaré récursoire d'un de ces tribunaux à l'autre, ou dans le même département, ou d'un département au département

voisin. On n'avoit garde alors d'instituer des cours souveraines; les grands corps sont dans l'esprit et le système de la monarchie, et la France, à cette époque, se débattoit dans le rêve pénible d'une turbulente démocratie.

La composition de ces tribunaux de district, portés jusqu'à neuf dans quelques départements, fut aussi vicieuse que leur établissement avoit été indiscret et précipité. Dans la plupart des lieux, il n'y avoit ni juges pour les former, ni édifices pour les recevoir, ni assez d'affaires pour les occuper. Il fallut revenir sur cette ridicule profusion d'établissements judiciaires. Le gouvernement se jeta dans l'excès opposé, et ne laissa par département qu'un tribunal unique. Enfin, après avoir fait et refait plusieurs fois la circonscription des cantons et des arrondissements, on se fixa à un juge de paix par canton, à un tribunal de première instance par arrondissement; le gouvernement alors, plus concentré, avoit institué des cours d'appel. L'exercice de la justice criminelle resta aux jurés.

Nous avons, messieurs, suivi, dans cet ex-

posé rapide, plutôt l'ordre des choses que l'ordre des dates, et nous avons passé sous silence
les transformations successives qu'a subies la
justice criminelle, depuis les tribunaux de département jusqu'aux cours d'assises; ces changements ne sont d'aucun intérêt dans la question qui vous occupe.

Y a-t-il en France actuellement un trop
grand nombre de cours et tribunaux? Voilà
la question.

Il y avoit autrefois en France treize parlements, trois conseils supérieurs, cent quatre-
vingt-deux baillages ou sénéchaussées.

Il y a aujourd'hui vingt-six cours royales,
trois cent quarante-cinq tribunaux de première instance.

On est, au premier aperçu, frappé de l'accroissement du nombre des cours d'appel ou
tribunaux de première instance, surtout lorsqu'on considère que la matière même d'un
grand nombre de procès, féodale, canonique,
bénéficiale, a disparu; que des questions fer-
tiles en difficultés ont été simplifiées par le
code et les diverses coutumes ramenées à une

loi uniforme, et qu'enfin les questions commerciales sont jugées par des tribunaux de commerce beaucoup plus nombreux qu'autrefois, et les causes criminelles par le jury, qui n'occupe qu'un petit nombre de juges.

Ainsi, au premier examen, on est porté à croire que le nombre des tribunaux auroit dû être, dans ce nouvel ordre de choses, inférieur à celui auquel il s'élevoit avant 1789.

A cette considération générale s'en joint de particulières, dont la première, mais non la plus importante, est celle de l'économie.

Autrefois l'administration de la justice étoit plutôt un bénéfice pour l'État, qui ne payoit qu'un modique intérêt de la finance des offices de judicature; aujourd'hui, elle est tout entière une charge.

Mais il faut distinguer entre les cours et les tribunaux inférieurs. La réduction du nombre des cours royales est sans doute un bénéfice pour l'État, à cause du plus grand nombre de juges qui les composent, des officiers subalternes qu'elles demandent, du taux plus élevé des honoraires, de la somptuosité des bâti-

ments destinés à leurs séances, et dont la vente
seroit ordonnée, ou dont la location cesseroit;
mais la réduction des tribunaux de première
instance, dont les juges, pour la plupart, ne
sont qu'au nombre de *trois*, et n'ont que de
modiques appointements, n'offre pas en proportion les mêmes avantages, et l'économie de
leur réduction profite moins à l'État qu'aux
particuliers, qui plaident moins, lorsque les
tribunaux, moins rapprochés des justiciables,
leur offrent moins de facilité de plaider. Une
remarque faite assez généralement, est que les
gens riches plaident moins qu'autrefois; les
classes inférieures plaident davantage, parce
que le peuple a partout à sa portée des gens de
loi pour conseiller ses premiers mouvements,
et des tribunaux pour les accueillir; et peut-
être aussi parce que les loix, jadis écrites en
langue savante et enterrées dans des *in-folio*
qui n'étoient consultés que par des hommes
voués à l'étude austère de la jurisprudence,
rédigées aujourd'hui en langue vulgaire et
reliées en format portatif, sont, entre les mains
de l'ignorance, de la cupidité, de la mauvaise

loi, une arme meurtrière qui sert à l'attaque beaucoup plus qu'à la défense.

Il ne faut donc pas tant s'arrêter, dans la discussion de cette question, sur l'économie de l'argent, balancée par les pensions de retraite et par une diminution inévitable de droits de greffe, qu'il ne faut considérer l'économie, si j'ose le dire, des procès et des divisions fomentées par un trop grand nombre de gens de loi, favorisées par un accès trop prompt auprès des tribunaux.

En effet, quand le tribunal est à une juste distance du plus grand nombre des justiciables, les premiers mouvements des passions ont le temps de la réflexion ; les conseils des amis, l'influence d'un homme considéré, la raison même des parties, peuvent se faire entendre ; et souvent la conciliation termine un différent qui, porté devant les tribunaux, auroit ruiné également le vainqueur et le vaincu.

D'ailleurs, et c'est un vice universellement remarqué, tout se rapetisse dans les petits tribunaux, et même la justice. Ces corps si peu nombreux, que l'absence ou l'empêchement

d'un seul juge paralyse tout un tribunal, offrent, presque à chaque séance, le risible spectacle d'avocats suppléants quittant les bancs
du barreau pour monter sur les siéges des juges,
et cédant bientôt la place à un de leurs con-
frères pour reprendre le rôle de partie. Les
juges, trop rapprochés du peuple par leur fortune, et quelquefois par leurs habitudes; le
tribunal trop au niveau du public, n'ont ni
assez de dignité, ni assez d'autorité; et dans
les petits lieux, et dans des temps de partis, les
parents, les amis, les hommes puissants, les
hommes redoutés, le public, tout juge, hors
les juges eux-mêmes; la connoissance des affaires, les talents du barreau, avortent faute
d'exercice et d'aliment, ou vont chercher un
plus grand théâtre. Les talents, comme les
fortunes, s'accumulent dans les grandes cités;
les causes importantes, les questions compli-
quées, ne trouvent plus, dans les premiers tribunaux, ni avocats, ni juges; et un jugement
en première instance n'est plus considéré que
comme une formalité indispensable pour porter l'affaire au tribunal d'appel.

Quoique ces inconvénients ne se fassent pas sentir au même degré dans les cours royales, plus nombreuses, mieux rentées, entourées de plus de talents et de lumières, il est a' de sentir tout ce que l'augmentation du nombre des juges, suite nécessaire de la réduction des tribunaux, ajouteroit à la dignité des juges, à l'autorité du tribunal, et donneroit d'éclat à leurs fonctions et de poids à leurs arrêts. Les gouvernements populaires ou militaires redoutent les grands corps judiciaires, parce que la force a, plus qu'on ne pense, peur de la justice; mais la royauté, qui ne craint rien et ne doit rien craindre, trouve dans ces institutions son plus ferme appui. Les parlements de France, qui, heureusement pour la stabilité du trône, s'emparoient de la portion du pouvoir qui échappoit des mains d'un prince foible ou de ministres mal habiles; les parlements ont quelquefois troublé la tranquillité personnelle des rois; mais ils avoient fait la royauté en France ce qu'elle étoit, et c'étoit à l'aide de ce puissant instrument que les rois avoient mis la royauté *hors de page.*

Ainsi, plus d'affaires se termineront par voie de conciliation ou de jugement devant les tribunaux de paix ou de première instance, lorsque, par une suite nécessaire de la réduction, leur compétence aura été élevée ; et il n'arrivera aux cours royales que des affaires d'un intérêt majeur, qui exigent une plus grande réunion de connoissances et de lumières dans les avocats et dans les juges.

Enfin, cette réduction si souvent annoncée sous l'autre gouvernement, désirée par les hommes éclairés, prévue même par la Charte, devient urgente, aujourd'hui que l'épuration promise des tribunaux, et la nécessité d'augmenter le nombre des juges dans les tribunaux à conserver, laisseront beaucoup de places à remplir ; car il faut prendre garde qu'il y aura réduction du nombre des tribunaux plus que réduction du nombre des juges ; et, pour qu'il y ait à la fois moins de plaidoiries et plus de bonne justice, il faut peu de tribunaux et beaucoup de juges.

Dans quelle proportion se fera la réduction du nombre des cours et des tribunaux ? Votre commission, messieurs, n'a point d'opinion à cet égard ; elle laisse tous les détails d'exécution à la sagesse et aux lumières du Roi et de son conseil.

Nous allons répondre aux objections qui ont été faites contre la réduction des tribunaux, dans les bureaux particuliers, ou même dans la commission centrale, et qui pourroient être reproduites à cette tribune.

1°. On fera des mécontents en réduisant le nombre des tribunaux. Messieurs, on fera bien pis, on fera peut-être des malheureux ; mais on fait des mécontents et même des malheureux en réduisant l'armée, les administrations, les bureaux : la révolution qui a fait et défait sans cesse, n'a fait que des mécontents et des malheureux. Les mécontents seront les juges justement destitués, et la faute n'en est pas au gouvernement ; les malheureux seroient les juges fidèles et intègres, et ceux-là trouveront place dans les tribunaux conservés. La crainte de faire des mécontents et même des malheureux, ne peut pas être une raison de différer des mesures devenues nécessaires ; et elle ne doit

pas empêcher de réduire les institutions gigantesques de gouvernements toujours hors de
toute mesure, et qui embrassoient le monde
entier dans leurs projets de domination, à des
proportions raisonnables et sagement calcu-
lées sur l'étendue de la France et les besoins
de ses habitants.

2°. L'économie sera moins considérable
qu'on ne le croit. Oui, pour le moment, et
tant que les pensions de retraites ne seront pas
éteintes. L'économie d'argent sera pour la famille, qui aura moins le goût et la facilité de
plaider; l'État y gagnera beaucoup plus, il y
gagnera la diminution du nombre des procès
et des sujets de haine que les procès éterni-
sent. Le premier besoin d'un État n'est jamais
l'argent, mais la morale et la paix.

3°. Dans un moment où des loix répressives
investissent, dans chaque tribunal, les procureurs du Roi et les juges instructeurs, du
droit de rechercher les délits contre la tranquillité publique, et d'en mettre les prévenus
sous la main de la justice, est-il d'une sage
politique de diminuer le nombre de ces sur-

veillants nécessaires; et cette réduction ne ra-
lentira-t-elle pas l'action de la justice, qui doit
être, dans le moment présent, si vigilante et
si rapide? Messieurs, la réduction des tribunaux amenera nécessairement une ampliation
de compétence ou une extension de juridiction pour les juges de paix, les commissaires
de police, peut-être les maires, ou enfin l'établissement de quelques officiers de justice dans
tous les lieux où des moyens de surveillance
et de répression seroient nécessaires. D'ailleurs, il faut espérer, d'après les assurances
consolantes données dernièrement à cette tribune par M. le Ministre de l'intérieur, que
l'union toujours croissante des bons citoyens,
et leur zèle pour le maintien de l'ordre, ren-
dront plus rares les délits qui sont l'objet de
la loi, et en assureront la répression. Que le
gouvernement croie en la force infinie de la
royauté, et surtout en la force infinie de la
justice, et alors la justice comptera autant de
ministres, et la royauté autant de défenseurs
qu'il y a de citoyens.

Je passe, messieurs, à la seconde partie de

la proposition de M. Hyde de Neuville, à la
suspension, pendant un an, de l'institution
royale des juges; c'est-à-dire, comme l'auteur
de la proposition l'a entendu, et la Chambre
elle-même lorsqu'elle a arrêté de la prendre
en considération, à la suspension, pendant
un an, de l'inamovibilité des fonctions judiciaires.

Les bureaux ont été, sur cette question,
moins unanimes que sur la première, et elle
a été, par les uns ou par les autres, adoptée,
rejetée ou ajournée.

Mais avant de vous présenter, messieurs,
l'opinion de votre commission sur cette question importante, qu'il nous soit permis de
vous soumettre quelques réflexions sur l'inamovibilité des fonctions judiciaires, son origine et sa raison.

L'inamovibilité des offices de judicature n'a
commencé en France, on peut le dire, ni
aussi tôt, ni aussi tard qu'on le croit com-
munément; elle n'y a pas toujours existé, et
elle y a existé de fait long-temps avant d'avoir
été consacrée par les loix, et c'est ici que s'ap-

plique cette judicieuse réflexion du président Hénault :

« On veut que l'on vous dise que telle an-
» née, à tel jour, il y eut un édit pour rendre
» vénales les charges qui étoient électives; mais
» il n'en va pas ainsi de tous les changements
» qui sont arrivés dans les États par rapport
» aux mœurs, aux usages, à la discipline : des
» circonstances ont précédé, des faits particu-
» liers se sont multipliés, et ils ont donné,
» par succession de temps, naissance à la loi
» générale sous laquelle on a vécu ».

Ainsi, tandis que presque tous les offices de
judicature inférieure « s'exerçoient, dit Pas-
» quier dans ses *Recherches*, plus par forme de
» commission que de titre, qui fut cause que
» nos rois avoient accoutumé d'insérer dans
» leurs lettres *pour en jouir tant qu'il nous
» plaira*, clause qui n'étoit pas alors, ajoute
» Pasquier, de mauvais exemple, » et dont
Louis XI usoit fréquemment. Dans le même
temps et sous le même règne, on trouve un
édit du 22 octobre 1467, rendu sur les remontrances du parlement de Paris, qui porte « que,

» nonobstant cette clause, nul état ne vaque-
» roit que par mort, résignation ou forfai-
» ture ».

Le même auteur nous fournit une remarque singulière et qui trouve son application
aux circonstances présentes; c'est que nos rois
usèrent fréquemment de la faculté de destituer les juges dans les temps qui suivirent
l'*entre-règne* des Anglois à Paris.

Ainsi, dès le temps de Louis XI, *l'exemple
de circonstances qui avoient précédé, et de faits
particuliers*, comme dit le président Hénault,
inspiroient déjà au législateur la pensée de la
loi générale de l'inamovibilité, et cette inamovibilité fut consacrée par voie de conséquence,
plutôt que de principe, sous François Ier, par
la vénalité des charges de judicature qui assu-
roit au titulaire, pour toute sa vie, la possession de son office, et à sa famille la propriété
de la finance.

L'inamovibilité des offices de judicature
étoit tout-à-fait dans l'esprit de la monarchie
héréditaire, qui tend à tout fixer autour d'elle,
parce qu'elle est elle-même le gouvernement

le plus fixe, c'est-à-dire le plus fort, et que l'hérédité du trône est la garantie de toutes les hérédités, et la sauvegarde la plus assurée de tous les héritages. Cette tendance à la fixité étoit si universelle et si constante, que l'hérédité des professions, même mécaniques, connue dans l'antique monarchie d'Égypte, étoit une institution des États modernes dans l'utile établissement des maîtrises patrimoniales des arts et métiers.

Mais cette inamovibilité des charges de judicature, qui n'a pas toujours existé en France, qui n'existe pas partout, quelle en est la raison et l'effet? Est-elle dans l'intérêt du particulier? Mais le particulier qui a recours aux tribunaux n'a d'autre intérêt que celui de gagner sa cause; et, selon le jugement qu'il obtient, le juge lui paroît bon ou mauvais, et, par conséquent, digne ou non de conserver la place qu'il occupe.

Cette inamovibilité légale n'ajoute rien aux connoissances, à l'intégrité du juge capable et fidèle à ses devoirs, et elle assure aux juges corrompus une longue et scandaleuse impu-

nité, ou favorise une coupable indolence. Le
juge en est plus fort; mais s'il est bon, il n'en
est pas meilleur; s'il est mauvais, il en est
pire; et si telle étoit la disposition des esprits,
le malheur des temps, l'influence des circonstances, qu'il y eût dans la société autant de
juges foibles, corrompus, ignorants, que
de juges courageux, intègres, éclairés, un
ordre judiciaire inamovible seroit un malheur, comme le seroit une armée inamovible,
une administration inamovible, une chambre
de députés inamovible.

Est-ce dans l'intérêt de l'État qu'il faut chercher les raisons de l'inamovibilité judiciaire?
Il faut ici distinguer. L'État, qui suppose toujours avec la loi que le jugement est équitable
quand il est définitif, a intérêt qu'il y ait
jugement, parce que le jugement, en termi-
nant le différent entre les particuliers, ré-
tablit dans la société l'ordre et la paix; et
voilà pourquoi le déni, non pas précisément
de justice, mais de jugement, est le plus grand
crime qui puisse être commis contre la société, parce que le déni de jugement dissout

la société, en replaçant les particuliers dans l'état où ils étoient entre eux, avant l'institution d'un état public de société.

La véritable raison de l'inamovibilité de la magistrature, cette raison profonde qu'il faut chercher dans les loix de la nature plutôt que dans la volonté des hommes, n'étoit-elle pas toute politique? N'étoit-elle pas dans le droit de remontrance sur les actes législatifs et dans les fonctions criminelles et de haute police? En effet, cette inamovibilité légale donnoit aux magistrats la force et l'indépendance nécessaires pour s'opposer aux mesures du gouvernement, contraires aux loix fondamentales du royaume, pour rechercher et poursuivre les grands crimes, pour punir les grands coupables qui auroient facilement écarté ou intimidé des juges amovibles.

Aussi il est digne de remarquer que ce fut à la veille des plus grands troubles qui jusque-là eussent agité la France, les guerres de religion et de la ligue, sous François Ier, que la magistrature, qui alloit devenir si nécessaire et si puissante, reçut toute sa stabilité, et, si

l'on ose ainsi parler, sa dernière consécration ;
et ce fut aussi au moment que la magistrature
politique et la royauté elle-même cessèrent en
France, que des orateurs fameux de l'assemblée constituante, membres eux-mêmes des
dernières cours souveraines, soutinrent que
l'amovibilité des juges étoit la plus sûre garantie de la liberté civile ; et effectivement,
depuis cette époque jusqu'au moment présent,
les juges ont été, de fait, toujours amovibles,
et les jurés plus que tous les autres.

Ces réflexions, messieurs, nécessaires pour
éclairer la discussion à laquelle votre commission a dû se livrer, n'ont pas influé sur son
opinion. Elle a considéré l'inamovibilité sous
un autre rapport ; elle y a vu un motif de plus
de former de grands tribunaux, parce que
cette inamovibilité si dangereuse dans un tribunal de trois juges seulement, où un seul
avec ces artifices de l'esprit, qui ne se trouvent
que trop souvent unis aux vices du cœur,
peut facilement et constamment entraîner les
deux autres : cette inamovibilité, disons-nous,
reprend tous ses avantages dans un tribunal

plus nombreux. Votre commission a vu ; dans
la certitude de conserver un état honorable,
le prix du temps employé à des études longues
et austères, et la digne récompense d'une jeunesse sage et utilement occupée ; elle a vu,
dans l'exercice non interrompu des fonctions
judiciaires, le moyen, pour un juge, d'acquérir
ce coup d'œil, cette sagacité, en un mot cette
habitude de juger qui ne s'apprend pas dans
les livres, et qui démêle le vrai nœud d'une
difficulté, le point décisif d'une contestation,
à travers toutes les subtilités de la chicane
et toutes les ruses de la mauvaise foi ; elle a
vu enfin, dans la perspective assurée que la
loi donne au juge de mourir dans sa place,
le dédommagement d'avoir vécu, tristement
occupé à dérouler le long tableau des misères,
des foiblesses, des crimes de l'humanité, pour
acquérir la désolante certitude qu'il est plus
aisé de terminer les différents que d'étouffer
les haines, et de punir les hommes que de les
changer.

Mais votre commission a pensé que la suspension de l'institution royale pendant un an

après la nomination, proposée seulement pour le moment actuel et la première nomination des juges, pouvoit être étendue à tous les temps et à toutes les nominations, et être, à l'avenir, une loi constante de l'organisation judiciaire.

Ici, messieurs, vous remarquerez peut-être la modération des sentiments de votre commission dans l'intention qu'elle a eu d'ôter tout caractère de spécialité, et, si nous osons le dire, de personnalité à la mesure proposée, qui n'appliquoit la suspension qu'aux juges nommés dans la première et prochaine organisation des tribunaux : personne ne peut se plaindre d'une mesure commune à tous.

Si votre commission, messieurs, se fût bornée à adopter la seconde partie de la proposition telle qu'elle a été présentée, elle auroit été obligée, pour la justifier, d'entrer dans des détails peut-être affligeants; mais elle a puisé ses motifs dans des considérations plus générales, et a porté ses regards au-delà des temps présents. Elle a donc pensé qu'il étoit utile de suspendre l'institution royale à l'avenir, pendant un an après la nomination, pour donner dans ce moment à l'autorité le temps de revenir, s'il en étoit besoin, sur des choix faits en si grand nombre et à de si grandes distances, faits presque tous à la fois, au milieu de tant d'intrigues, d'accusations, de récriminations, de justifications, de sollicitations et de plaintes; sur des choix d'hommes étrangers quelquefois aux compagnies où ils sont placés, dont à peine l'autorité a entendu parler, ou qui ne lui sont connus que par des rapports souvent infidèles ou passionnés. Votre commission a cru cette mesure utile à l'avenir, pour remplacer l'agrément des compagnies de magistrature, requis autrefois après enquête et examen du récipiendaire; enquête quelquefois si sévère, que la mollesse actuelle de nos mœurs en seroit effrayée; et, certes, qu'on donne un autre moyen que celui que nous proposons d'atteindre le même but, ou qu'on nous permette de croire qu'au milieu du désordre moral où nous ont jetés les désordres politiques, il faudroit une intelligence, une force, une sagesse plus qu'humaine, pour ne pas commettre de nombreuses erreurs dans le choix de tous les juges pour un État tel que la France, et avec des hommes tels aujourd'hui que les François.

Tels sont, messieurs, les motifs de notre opinion, et quelle que soit celle de la Chambre, elle ne pourra, du moins nous le croyons, que rendre justice aux intentions de sa commission.

Mais, dit-on, vous ferez donc juger pendant un an par des juges amovibles? MM. les juges de paix jugent et ne sont point inamovibles; les juges de commerce jugent, et même de grands intérêts, et ne sont pas inamovibles; les arbitres jugent, et ne sont pas inamovibles; les conseils de guerre jugent, et ne sont pas inamovibles; les jurés jugent, ils prononcent sur la vie et l'honneur des citoyens, et ils ne sont pas inamovibles; mais même dans les tribunaux dont les juges sont inamovibles, dans les tribunaux de première instance il n'y a pas d'affaire un peu importante dans laquelle des avocats ne soient obligés de suppléer des juges; et des avocats suppléants, loin d'être inamovibles, n'ont pas même le caractère de juges.

Les hommes estimables et considérés, dit-on encore, ne voudront pas accepter des fonctions au hasard d'en être dépouillés au bout d'un an par l'intrigue et la prévention. Messieurs, descendez en vous-mêmes, et dites-nous si l'honnête homme, l'homme de bien, éprouve jamais, en acceptant des fonctions honorables, la crainte d'être destitué. L'usurpateur, qui n'accordoit l'institution à vie que cinq ans après la nomination, non-seulement pour les fonctions de juges, mais pour celles de conseiller d'État, n'a-t-il pas trouvé des hommes d'un vrai mérite et d'une grande capacité pour remplir ces différents emplois? et vous douteriez si, avec la faim et la soif des places qui nous tourmentent, avec les besoins urgents où le malheur des temps a plongé tant de familles vertueuses, vous douteriez si des places honorables seroient acceptées par des hommes qui trouveroient, dans la conscience de leur intégrité, la confiance, disons mieux, la certitude de les conserver !

Si l'on croit nécessaire une première épuration, pourquoi pas une seconde, une troi-

sième, etc.? Messieurs, ne pressons pas les vérités morales et politiques, si nous ne voulons
pas qu'elles nous échappent. Il faut tendre à la
perfection dans les choses, et souffrir l'imper-
fection dans les hommes; nous n'aurons pas
sans doute des juges parfaits, mais nous aurons
un moyen de plus d'écarter des juges indignes
de l'être; là s'arrête la raison.

Mais la Charte, article 58, porte : « Les
» juges nommés par le Roi sont inamovibles ».
Votre commission, messieurs, ne vous propose pas, à Dieu ne plaise, de révoquer l'inamovibilité, mais d'en renvoyer à un délai fixé
la déclaration définitive; et par là elle ne fait
qu'expliquer et régulariser le mode de cette
inamovibilité, que rendre, en un mot, plus
utile une disposition constitutionnelle, décrétée dans l'intérêt du public plus sans doute
que dans l'intérêt du juge.

Prétendroit-on que cette modification est
une dérogation à la Charte? Mais ce droit de
modifier la loi est dans les attributions du
pouvoir législatif, et ce principe a été consacré par l'autorité royale elle-même, lors-

qu'elle a soumis à la Chambre seize articles de la Charte, dont la modification lui a paru utile ou nécessaire.

Pensez-vous, messieurs, que ces modifications proposées par le gouvernement d'alors, celles surtout dont l'exécution provisoire a pu opérer des résultats définitifs si importants, pussent être justifiées par des motifs aussi plausibles et des raisons d'utilité publique aussi graves que celles que votre commission allègue à l'appui de la modification qu'elle vous propose?

Nous finirons par une réflexion que nous recommandons à la sérieuse attention de la Chambre, Messieurs, si l'honneur, la fortune, l'existence même de vos familles étoient compromises devant un tribunal, et que tout recours vous fût interdit contre le jugement, vous trembleriez à la seule pensée de l'erreur dont elles pourroient être la victime. La société vous permet à tous ce recours, non-seulement à un second tribunal, mais à un tribunal suprême qui peut vous renvoyer à une autre cour, et annuler encore ce dernier arrêt.

Eh bien! messieurs, la France, votre patrie,
la société toute entière soutient un grand procès, et, on peut le dire, devant ses tribunaux.
C'est son honneur, c'est sa sûreté, c'est son
existence même qui est menacée; le recours
qu'elle vous donne à tous contre l'erreur d'un
premier jugement, elle vous le demande à
tous contre l'erreur d'un premier choix; et,
dans ce genre, la patrie vous donne plus de
sûretés que vous ne pouvez lui en rendre.
Si les juges institués par elle trompoient sa
confiance, si des attentats contre l'ordre public demeuroient impunis, ou n'étoient punis
qu'avec mollesse ou pusillanimité, c'en seroit
fait de la France; et des jugements tels que
des exemples trop récents nous autorisent à
les supposer, auroient des suites plus graves
qu'une sédition.

Prenez-y garde, les tribunaux sont la dernière ressource de la France; elle n'a pas encore, elle n'aura peut-être pas de quelque
temps de force militaire assez imposante. Ce
que la France a de plus cher, sa religion, sa
royauté, son Roi, sa famille régnante, sa tran-

quillité intérieure, sa considération au dehors, peut-être l'intégrité de son territoire, dépendent, plus qu'on ne pense, de l'autorité de ses tribunaux et de l'équité sévère et impartiale de leurs jugements. Qu'on ne s'arrête pas aux mots, quand les choses pressent de toutes parts : la lettre morte de la loi tue, c'est l'esprit qui vivifie; et c'est dans l'esprit de la loi de l'inamovibilité que votre commission vous propose une modification qui ne la suspend momentanément que pour la rendre plus utile. Développer l'esprit d'une loi, n'est pas innover; la modifier, n'est pas la détruire.

Vu l'art. 59 de la Charte : « Les cours et tribunaux ordinaires, actuellement existants, » sont maintenus, il n'y sera rien changé que » par une loi ».

Et l'art. 58 : « Les juges nommés par le Roi » sont inamovibles ».

Votre commission, messieurs, a l'honneur de vous proposer :

Que Sa Majesté sera suppliée de porter un projet de loi,

1°. Pour que le nombre des cours et tribunaux soit réduit;

2°. Pour déclarer que les juges seront inamovibles après un an, à compter de leur in-
stallation.

———————

RÉPONSE

Aux objections contre le projet de la Commission, relative à la proposition de M. Hyde de Neuville.

Séance du 27 novembre 1815.

MESSIEURS,

Organe de votre commission, dont, comme rapporteur, j'ai répété les paroles et exprimé les pensées, et par conséquent sans mérite comme sans responsabilité, j'oserois presque me plaindre à vous, messieurs, comme d'une prise à partie personnelle, des éloges dont j'ai été l'objet, et dans lesquels je n'ai dû voir que l'expression exagérée de l'amitié et de l'estime. Cependant, je ne craindrai pas de le dire : cet exemple dont, bien malgré moi, j'ai été l'occasion, pourroit ne pas être sans danger. D'autres affections que la bienveillance pourroient s'en autoriser, et nous devons éviter avec soin, dans nos discussions, d'ajouter à la chaleur des débats politiques la vivacité des sentiments personnels.

Si je n'avois cru devoir, messieurs, modérer cet excès d'indulgence, et vous en témoigner en même temps ma juste gratitude, je ne serois pas monté à cette tribune où m'ont précédé tant d'orateurs, et en particulier des membres de votre commission, dont les opinions solides, lumineuses, aussi bien pensées que bien exprimées, n'ont presque plus rien laissé à dire sur les questions qui vous occupent; et si, pour obéir à l'usage, je me permets ces dernières réflexions, c'est moins pour éclairer la discussion que pour la terminer.

Votre commission, messieurs, en se décidant pour la réduction des cours et des tribunaux, a laissé à la sagesse du gouvernement à statuer sur la quotité, le temps et les moyens de cette réduction. Son opinion sur cette question peut donc se prêter en quelque sorte et à toutes les mesures que le gouvernement voudra adopter, et à toutes les opinions émises dans cette Chambre, et qui diffèrent entre elles sur la forme plus que sur le fond. Une réduction paroît généralement désirée; mais à quelque nombre que s'arrête ou s'étende la suppression projetée, votre commission n'a rien fixé, rien proposé que de général et d'indéterminé; et si le rapporteur pouvoit donner son opinion personnelle, il pencheroit plutôt pour le sentiment de M. Pasquier, premier opinant, qui tend à réduire, au moins pour le moment, les cours royales seulement, et il penseroit avec son honorable collègue que de cette réduction partielle pourroit résulter une amélioration générale dans l'administration de la justice.

J'écarte avec intention, et pour ôter à une discussion publique tout caractère de *personnalité*, j'écarte le soupçon ou le reproche de peu de franchise indûment adressé à votre commission; et je passe à la seconde question.

Les réflexions du rapporteur sur l'origine, la raison et les effets de l'inamovibilité judiciaire conservent toute leur force; elles en ont acquis encore davantage par l'honorable suffrage qu'elles ont reçu de la part des magistrats respectables qui ont conservé le dépôt des anciennes traditions comme des antiques vertus.

C'est sans exactitude qu'on a avancé que nos
rois avoient d'eux-mêmes accordé aux peuples
le bienfait de l'inamovibilité des offices de judicature : mon honorable collègue, M. de
Serre, a très-bien observé que nos rois atten-
toient sans cesse à cette inamovibilité. La clause
insérée alors dans les provisions (*pour en jouir*
tant qu'il nous plaira), ne prouve pas assurément la volonté de renoncer à la faculté de
destituer les juges, et c'est parce que les rois
en usoient trop fréquemment, que le parlement de Paris demanda ou plutôt conquit cette
inamovibilité légale, par les remontrances sur
lesquelles intervint l'arrêt de 1467.

Si le rapporteur a dit, dans sa *Théorie du*
pouvoir, que, sous la monarchie, les offices de
judicature étoient inamovibles, il n'est pas en
contradiction avec lui-même, puisqu'il a entendu parler, dans cet ouvrage, de la monarchie constituée telle qu'elle existoit alors en
France, où les juges étoient en même temps
magistrats. Il s'est également accordé avec lui-
même et avec les circonstances actuelles, en

ajoutant que dans la démocratie , ces mêmes
emplois sont amovibles , puisque dans tout
gouvernement représentatif il y a un principe
démocratique ou populaire. Aussi , remarquez ,
messieurs , comme une influence de ce principe , remarquez que malgré l'inamovibilité
des juges, décrétée par la Charte, le chef suprême de toute la justice du royaume, jadis
inamovible sous le titre de chancelier de
France , est aujourd'hui , sous le nom de ministre de la justice , amovible en France comme
en Angleterre. Dans ce dernier pays , l'inamovibilité des juges n'a été consacrée par une loi
que la dernière année du règne de Georges II,
en 1759, et par conséquent, il n'y a pas eu
jusqu'à cette époque de garantie pour la liberté
civile dans cette terre classique de la liberté.
Les hommes de loi distingués , qui , sous le
nom de *serjent*, assistent les grands juges aux
cours d'assises, sont tous amovibles. Je ne crois
pas qu'il y ait un autre État en Europe où les
juges jouissent de l'inamovibilité légale; et
dans la constitution du royaume de Wirtem-
berg, qui vient de paroître, faite sous l'in-

fluence des idées les plus libérales, il est parlé
d'une justice prompte, éclairée, impartiale,
et non d'aucune inamovibilité de fonctions
judiciaires.

La raison qu'on a donnée en faveur de l'inamovibilité des juges, du danger qu'un homme
puissant ne fît destituer le juge qui l'auroit
condamné, est bien foible; car on n'est pas
jugé par un juge, mais par un tribunal, et un
homme, tel puissant qu'on le suppose, ne fait
pas destituer tout un tribunal.

Mais si votre commission connoît la raison
de l'inamovibilité, si elle en a vu les inconvénients, elle en a jugé aussi les avantages, et
certes ils sont assez grands pour qu'on ne doive
pas les exagérer. A tous ceux qu'elle a exposés
dans son rapport, et qui assurent de bons juges
aux justiciables, qui mettent, quoi qu'on en
dise, plus d'intérêt à savoir si leurs juges sont
intègres qu'à savoir s'ils sont inamovibles, elle
ajoutera que l'état de juge étant à la fois et le
plus modestement payé, et le seul des états
honorables pour lequel il n'y ait point d'avancement régulier, point de distinction ou de

décorations particulières, point d'autre récompense, enfin, pour une intégrité reconnue et des vertus éprouvées, que la considération publique, la société a senti que le juge devoit être assuré de rester dans sa place, puisqu'il ne devoit pas en sortir pour passer à un grade plus élevé ; et elle a en quelque sorte regardé son emploi comme un capital constitué qui ne peut être diminué par aucune chance, parce qu'il n'est susceptible d'aucune chance d'accroissement.

Votre commission, messieurs, appelle donc de tous ses vœux, défend de tous ses efforts cette inamovibilité précieuse, appui du gouvernement, récompense du juge, garantie du justiciable ; elle en démontre la raison, elle en connoît les avantages, elle en proclame la nécessité, et cependant les adversaires ont perpétuellement raisonné dans l'hypothèse que votre commission avoit proposé formellement et textuellement que les juges ne fussent pas inamovibles, et ils l'ont accusée de ne pas vouloir des juges inamovibles, parce qu'elle craignoit, au premier moment, des choix irrévocables, et ils n'ont pas voulu voir que la commission ne vouloit des choix révocables, pendant un certain temps, que pour avoir des juges en quelque sorte plus inamovibles.

Mais si la commission soutient la convenance, l'utilité, la nécessité même de l'inamovibilité, c'est pour elle un motif de plus de désirer que cette faveur ne soit accordée qu'à des juges qui en soient dignes, et entre les mains de qui elle ne soit pas un reproche pour le gouvernement, un scandale pour la justice, un malheur pour les justiciables.

Nos adversaires semblent toujours avoir supposé que l'ordre judiciaire étoit complétement et régulièrement constitué, et qu'il ne s'agissoit, comme autrefois, que de remplir quelques places vacantes dans des compagnies toutes formées. Ils ont détourné les yeux de la position où se trouve la France, à l'égard de ses cours de justice, position telle qu'il n'en a jamais existé, qu'il n'en existera jamais de semblable dans aucune société. Il s'agit, en effet, de reconstruire tous les tribunaux, et de réinstituer tous les juges. Cette opération qui, pour être faite aveo quelque certitude de succès, demanderoit en vérité le calme dont jouissent les bienheureux, il faut la faire en France, en 1815, au milieu de la tourmente politique la plus affreuse, et au sortir de la révolution morale la plus épouvantable que jamais société ait essuyée. C'est au sein des partis, et au fort de leur choc, qu'il faut choisir des juges impartiaux ; et, dans cette position sans exemple, on ne pourroit s'empêcher de trouver bien présomptueux l'homme, quel qu'il fût, ministre ou député, qui, dépourvu de la connoissance intime et personnelle des vertus, de la capacité, de la conduite de cette armée de candidats, connoissance qui, pour chacun de nous, est renfermée dans un cercle si étroit, oseroit, par acte ou par conseil, conférer aujourd'hui le caractère de juge inamovible à des hommes à qui, dans un an, mieux informé, il ne voudroit peut-être pas confier une commission d'huissier.

Le membre de votre commission dont le discours si remarquable termina la séance de jeudi dernier, a porté cette vérité au plus haut

degré d'évidence, et il vous a cité des faits qui,
dans cette matière, ont bien plus de poids que
des raisons.

Mais enfin, cette inamovibilité, que quelques-uns de nos adversaires ont exaltée comme
les sacrements de baptème et de pénitence,
qui d'un pécheur font un juste, et d'un juste
peuvent faire un saint, a-t-elle, je le demande,
conféré jusqu'ici des grâces si efficaces? et les
juges ont-ils au besoin trouvé dans leur inamovibilité la force qu'ils ne trouvoient pas dans
leur conscience? La Charte a été donnée le 4
juin 1814, et dès ce moment, les juges nommés par le Roi ont été inamovibles. Depuis
le 4 juin 1814, jusqu'au 20 mars 1815, le
Roi, sans doute, a nommé bien des juges.
Quelle a été leur conduite dans les temps difficiles? Je l'ignore; mais il seroit bien étrange
qu'à nombre égal on eût trouvé autant ou plus
de fidélité au Roi et à leur devoir, dans les
juges amovibles nommés par l'usurpateur, que
dans les juges inamovibles institués par le Roi
légitime.

Mais enfin il y a dans la société d'autres ina-

movibilités que celles des juges : celle-là appartient à l'État, et il y en a dans la famille,
il y en a dans la religion. La raison publique a
senti que, si toutes ces inamovibilités avoient
leurs avantages, elles avoient aussi leurs dangers; et voyons les précautions qu'elle a prises
pour s'en défendre. Dans la famille, l'épouse
est inamovible, et peut-être l'opinion publique
s'est-elle déjà étonnée que, sitôt occupé d'assurer l'inamovibilité des juges, nous n'ayons
rien fait encore pour rétablir celle des mariages. L'épouse est inamovible; mais si des
erreurs de conduite, ou seulement des défauts
de caractère, la rendent le tourment ou la honte
de celui dont elle doit être la consolation et
l'honneur, une séparation légale l'écarte de la
maison et de la couche conjugales, et sans lui
ôter le caractère d'épouse qu'elle ne peut pas
perdre, suspend tout exercice de son autorité
et de ses droits. Dans la religion, le prêtre aussi
a un caractère inamovible; mais l'évêque, en
cas de négligence ou de prévarication, peut
l'interdire de toutes fonctions de son ministère : le juge aussi est inamovible; mais quelle

garantie l'État a-t-il lui-même, et donne-t-il aux
justiciables contre les dangers de cette inamovibilité ? La forfaiture jugée......; mais outre
qu'un juge sera toute sa vie prévaricateur, igno-
rant, corrompu, sans qu'il puisse une seule
fois en être convaincu, pas même en être ac-
cusé, savez-vous que la loi, en lui conférant
l'inamovibilité, lui attribue, ou peu s'en faut,
l'impeccabilité ? savez-vous qu'il faut, pour
traduire un juge devant un tribunal, des crimes
plus évidents que le jour, et qu'il falloit de
plus qu'un arrêt de la compagnie dont il est
membre, permît l'accusation ? « *Non provo-*
» *candos ad curiam judices nisi manifestissimæ*
» *eorum sordes fuerint*, dit Mornac, *de Origine*
» *juris* »; et la suite de ce passage que j'abrége
en dit encore davantage. « Les juges, dit le rè-
» glement de discipline rendu le 4 juin 1699,
» sur les conclusions de M. l'avocat général
» d'Aguesseau, les juges ne pourront être pris
» à partie avant la commission obtenue par
» arrêt de la cour ».

Aussi la même constitution judiciaire qui
donnoit au juge l'inamovibilité, cette inamo-

vibilité qui, une fois conférée, le défendoit
avec tant de soin contre toute prise à partie
personnelle ; la même constitution l'avoit soumis, avant de recevoir ce caractère inamovible,
à des enquêtes de probité, même de délicatesse, à des examens de capacité sans lesquels
il ne pouvoit obtenir l'agrément de la compagnie où il devoit siéger. La commission vous
l'a dit, messieurs, et elle a l'honneur de vous
le répéter, elle veut des juges inamovibles, et
elle redoute des choix irrévocables : « Qu'on
» donne un autre moyen que celui qu'elle pro-
» pose d'atteindre le même but, ou qu'on lui
» permette de croire qu'au milieu du désordre
» moral où nous ont jetés les désordres politi-
» ques, il faudroit une intelligence, une force,
» une sagesse plus qu'humaines pour ne pas
» commettre de nombreuses erreurs dans le
» choix presque simultané de tous les juges,
» pour un État tel que la France et avec des
» hommes tels aujourd'hui que les François » ;
et les précautions dont a parlé à cette tribune
M. le ministre de la justice, ne rassurent pas
contre ce danger.

Et j'ose le dire : l'opinion publique a déjà prononcé sur le sujet de nos débats; du vingt mémoires que le rapporteur a reçus, depuis que les journaux l'ont nommé, de la part de juris-consultes ou de magistrats, il est remarquable qu'il n'y en eut pas un, pas un seul qui fasse même mention de la seconde partie de la pro-position, tandis que tous discutent la pre-mière. Dans cette enceinte, on ne combat que pour ou contre la suspension de l'institution royale des juges; au-dehors et dans le public, même dans quelques écrits qui ont paru, il n'est question que de la réduction des tribu-naux; preuve que le bon sens du public a déjà jugé une opinion que l'on combat encore parmi nous à force d'esprit. Non, messieurs, ce n'est pas avec de l'esprit que je la défends : permettez-moi de vous le dire, puisque vous m'en avez beaucoup trop supposé; ce n'est pas avec de l'esprit, c'est avec du bon sens usuel, vulgaire, du sens commun, de ce bon sens *maître des affaires*, dit Bossuet, de ce bon sens qui, pour le gouvernement de la société, doit remplir le long interrègne du génie.

Peut-être une différence de position entre les membres de la Chambre influe-t-elle sur la différence des opinions. Les habitants de la capitale, dont les biens sont en portefeuille, défendus eux-mêmes contre l'oppression par la présence d'une police active et surveillante, et par la facilité d'un recours immédiat à l'autorité supérieure, voient la justice un peu en théorie, et comme la garantie de la liberté civile, de la liberté de la presse et de toutes les libertés qui sont l'heureux fruit des idées les plus libérales; mais nous, habitants des provinces et propriétaires, pour qui la justice est un besoin de tous les instants, nous demandons des juges qui garantissent nos champs de la dévastation, nos bois du pillage, nos troupeaux du larcin, et qui protégent nos biens et nos personnes. Aussi, tandis que, dans la capitale, la mauvaise composition d'un tribunal tout entier n'occuperoit que quelques instants l'attention publique, bientôt distraite par la succession rapide des plaisirs et des événements; en province, la nomination d'un seul juge repoussé par l'opinion, est un sujet indé-

puisable de mécontentements, et une atteinte
grave à la considération dont le gouvernement
doit jouir.

J'écarte la supposition impossible d'un refus
d'institution indéfiniment prolongé, ou celle
plus gratuite encore, de tribunaux, nouveau
tonneau des Danaïdes, remplis à chaque changement de ministère de nouveaux juges, qui
s'écouleroient sous le ministère suivant; et la
moins probable de toutes; celle de places re-
fusées, par une probité ombrageuse qui craindroit l'affront d'une destitution; et je passe aux
deux objections principales, présentées sous
tant de formes, étendues avec tant de complai-
sance, quelquefois assaisonnées d'un peu d'ai-
greur et d'amertume, l'infraction à la Charte
et l'inconvenance de la proposition.

Messieurs, la Charte veut l'inamovibilité des
juges, et la raison veut, et tout aussi impérieusement, une garantie de la bonté de leur choix.
Y a-t-il un moyen d'accorder sur ce point la
raison et la Charte? Car enfin la raison existe
avant la Charte, qui doit être elle-même une
fille de raison. Quelques orateurs ont cherché

cet accord en confrontant ensemble, en expliquant l'un par l'autre, en conciliant entre eux les articles 57, 58, 60, 61 de la Charte; et pour moi, je ne doute pas qu'ils n'aient pleinement justifié la légalité constitutionnelle de la modification proposée, ou plutôt la nécessité d'une loi explicative et régulatrice du principe de l'inamovibilité posé par la Charte; mais là où des jurisconsultes douteroient encore, les législateurs peuvent décider; et, accoutumé à chercher des raisons un peu plus haut que dans des discussions grammaticales, je vous présenterai des considérations d'une autre importance.

La Charte dit, à l'article 59 : « Les cours et » tribunaux ordinaires actuellement existants » sont maintenus ». Si la Charte n'eût rien dit de plus, toute réduction des tribunaux, quelque nécessaire qu'elle eût été, eût été impossible. Mais le législateur n'a pas voulu se lier les mains sur une mesure dont il prévoyoit la convenance ou l'utilité, et il a ajouté : « Il n'y » sera rien changé qu'en vertu d'une loi ». Et, par cette clause, il s'est donné la faculté de

réduire les tribunaux, sans modifier la Charte,
sans y déroger, si l'on aime mieux. La Charte
est du 4 juin 1814, c'est-à-dire, de cet éclair
de bonheur et d'espérance qui a lui pour nous
entre deux affreuses tempêtes. Ici, messieurs,
j'interroge et votre raison et votre conscience;
et je vous demande si le Roi eût pu prévoir l'in-
croyable défection de l'armée et des tribunaux,
et cette nécessité où nous nous trouvons de
reconstruire en entier l'édifice de la magistrature dans les hommes et dans les choses; et
au milieu de circonstances si contraires, je
vous le demande, s'il n'eût pas fait pour les
juges ce qu'il a fait pour les tribunaux, et s'il
ne se seroit pas réservé les moyens d'éclairer son
choix pour l'institution définitive des juges,
comme il s'est donné les moyens d'éclairer son
choix pour l'emplacement définitif des tribunaux ?

Ce que le Roi n'a pu faire, parce qu'il n'étoit
pas donné à l'homme d'en prévoir la nécessité,
nous le faisons aujourd'hui, nous pour qui
cette nécessité fatale est arrivée, nous sur qui
elle pèse de tout son poids. Si c'est là, mes-

sieurs, une dérogation à la Charte, je l'ignore;
mais tout ce que je sais, c'est que cette mesure
est conseillée par la prudence, approuvée par
la raison, commandée par la nécessité.

On reproche à votre commission, comme
une infraction à la Charte, la modification
qu'elle a proposée; mais le même orateur qui
lui en a si éloquemment fait un crime, n'a-t-il
pas lui-même exprimé le vœu et annoncé la
possibilité que la magistrature remontât aux
fonctions politiques dont elle est descendue?
Et cependant, qui ne voit que la magistrature
politique est incompatible avec le gouvernement représentatif, et que ces grands corps,
rivaux quelquefois de l'autorité royale, in-
vestis de la haute police, seroient bientôt les
jaloux émules ou les dangereux ennemis de
toute autre autorité politique? Mais le ministre lui-même, à cette tribune, n'a-t-il pas
exprimé ce vœu, annoncé la possibilité de
voir rétablir un jour les priviléges des provinces, comme si ces priviléges pouvoient être
compatibles avec l'uniformité de droits, de
loix, d'impôts, d'administration que la révo-

lution, en cela consacrée par la Charte, a
établi pour toutes les parties du royaume; et
votre commission, messieurs, eût-elle osé aller
aussi loin dans ses invasions sur la Charte? Et
cependant, quel est le but, quel doit être l'effet
de la modification qu'elle propose? D'éclairer
l'autorité sur le choix des juges, et de donner
de la considération aux tribunaux. Toutefois,
comme l'a si bien observé un membre de la
commission, le moyen qu'elle propose est le
seul qui puisse conserver au Roi la plénitude
et toute l'indépendance de son autorité.

Lorsqu'il y a dix siècles d'événements entre
le 4 juin 1814 et le 22 novembre 1815, si
vous croyez, messieurs, que la Charte faite à
cette première date, convienne en tout à la
situation où nous nous trouvons à la seconde,
je n'ai rien à dire; mais alors, pourquoi nous
proposer quinze ou seize modifications? Pourquoi de deux facultés qu'avoit le Roi de nommer des pairs à vie ou des pairs héréditaires,
ne lui en avoir laissé qu'une? Mais il n'en est
pas ainsi, et j'ose dire, sans crainte d'être dé-
menti, qu'il y a plus loin, pour l'état moral et

politique de la France, des commencements
de 1814 à la fin de 1815, qu'il n'y avoit de 1789
à 1814, et plus loin que du règne de Childéric
à celui de Louis XV.

On a parlé de l'inconvenance de la proposition. La Chambre peut faire des propositions
qu'on peut qualifier de dangereuses ; je ne
pense pas qu'elle puisse en faire que ses membres, au moins à cette tribune, aient le droit
de qualifier d'inconvenantes après qu'elles ont
été prises en considération, parce que le mot
dangereux peut être nécessaire, et que le mot
inconvenant est un terme peu respectueux. Je
n'ai pas besoin de rappeler que la Charte,
article 19, « nous permet toute proposition
» de loi sur quelque objet que ce soit, et per-
» met en même temps d'indiquer ce qu'il nous
» paroît convenable que la loi contienne ».
Cet article dit tout et permet tout : et c'est
une véritable infraction à la Charte que de
chercher à borner l'exercice de ce droit précieux, général, absolu de proposition ; aussi
sacré pour la Chambre que le droit de pétition
pour les particuliers, et qui n'est, à propre-

ment parler, qu'une pétition de la nation entière dont nous sommes les organes.

Mais quand on a voulu vous effrayer par
l'exemple de l'assemblée constituante, et du
danger, disons mieux, du crime de ses continuelles et opiniâtres propositions, a-t-on oublié, ou n'auroit-on pas dû remarquer que
l'assemblée constituante, en contact immédiat
avec la royauté expirante, ne pouvoit éprouver ni retard ni obstacle ? Ses avertissements
étoient des menaces ; ses supplications étoient
des ordres ; ses propositions étoient des loix.
Mais vous, messieurs, et je ne parle même pas
de la sanction royale, vous, dont les propositions rencontrent dans une Chambre égale en
droits, supérieure en dignité, un écueil insurmontable, quand elles n'y reçoivent pas une
approbation nécessaire ; vous, législateurs
pour quelques instants, qui ne pouvez rien
sans le concours de législateurs héréditaires,
qui toujours vous précèdent, et toujours vous
survivent, de quel danger pourroient être vos
propositions ? Connoissez d'ailleurs l'essence
du gouvernement représentatif, vous qui nous

l'avez donné; et si vous êtes forcé de souffrir les inconvénients inséparables de toute institution humaine, profitez au moins de ses avantages.

Le caractère de la monarchie telle qu'elle a si long-temps existé en France est la force celui du gouvernement représentatif est la vigilance, et cette vigilance suppose toujours une inquiétude un peu jalouse, inséparable de la liberté, selon tous les publicistes de cette école, et dont il faut modérer les effets tout en respectant le sentiment qui les inspire. Mais n'en craignez rien : cette tribune qui retentissoit autrefois des clameurs de la licence populaire, muette depuis et condamnée par le despotisme à un silence qui n'étoit interrompu que par les acclamations de la flatterie; cette tribune n'entendra plus que les nobles et doux accents d'une liberté monarchique, je dirois mieux, d'une liberté royale.

Hommes vraiment libres, si la vertu est la véritable liberté; citoyens indépendants, si la propriété constitue la véritable indépendance politique, vous apprendrez aux François ce qui faisoit autrefois leur caractère distinctif, et ce qu'ils ont désappris depuis si long-temps, à obéir avec amour, avec respect, mais avec dignité! Vous obéirez donc, sans vous prosterner, à des loix faites par des hommes comme vous; vous les respecterez ces loix qui vous ont été données par un Roi si long-temps l'objet de vos regrets, et toujours l'objet de votre amour. Vous les respecterez, mais vous ne renoncerez pas aux droits qu'elles-mêmes vous donnent, au devoir que votre conscience vous impose, d'en expliquer le sens, d'en appliquer les principes, d'en développer les conséquences : c'est ainsi que tous les peuples ont appliqué à leur état politique, et développé, pour les circonstances particulières où ils ont été placés, la charte universelle du genre humain, le Décalogue, texte divin de la civilisation dont toutes les loix humaines ne doivent être que le commentaire.

Je persiste dans les conclusions du rapport.

PROPOSITION

Faite à la Chambre des Députés.

Séance du 26 décembre 1815.

MESSIEURS,

Vous avez pourvu, par des loix sévères, à la tranquillité de l'État. Il faut aujourd'hui assurer, par des loix fortes, la stabilité de la famille.

Dans l'ordre primitif et régulier de la société, la famille devient l'État, et les mœurs deviennent des loix. Mais quand la marche naturelle de la société a été intervertie, l'État donne des loix à la famille, et elles en règlent ou en dérèglent les mœurs. Permettez-moi de tracer rapidement l'histoire de la famille, pour faire voir la naissance et le progrès des désordres qui en ont altéré la constitution primitive.

La société domestique commença par la monogamie et l'indissolubilité du lien conjugal.

La naissance des deux sexes en nombre à peu
près égal, indique assez que la polygamie
n'entre point dans le plan de la nature, pas
plus que la dissolubilité du lien conjugal, qui
établit entre les deux sexes une si cruelle inégalité, n'a pu entrer dans les desseins de son
auteur. Aussi le législateur suprême des sociétés, en parlant de la dissolution du mariage,
dit lui-même « qu'il n'en étoit pas ainsi au
» commencement ».

Les familles, en se multipliant, formèrent
des peuples, et trop souvent des peuples ennemis les uns des autres. Les dangers de la
guerre, ou les travaux de l'agriculture, sup-
portés presque exclusivement par un des deux
sexes, dérangèrent leur proportion; et, dans
ces foibles peuplades, où la population étoit
le premier besoin, la polygamie, qui la favorise chez un peuple naissant, comme elle l'arrête chez un peuple avancé, la polygamie
s'introduisit à la faveur de ces religions licencieuses qui offroient à leurs divinités la pudeur en sacrifice, et consacroient la prosti-
tution.

Le peuple juif, élevé au milieu de ces dangereux exemples; peu nombreux lui-même pour le pays qu'il avoit à conquérir et la haute destination à laquelle il étoit appelé, ne pouvoit être soumis à une discipline trop sévère. La polygamie ne lui fut pas interdite. La répudiation lui fut permise : loi imparfaite sans doute, mais qui n'est pas, comme le divorce mutuel, contre la nature même de la société, puisque accordée au mari seul, et peut-être sans permission à la femme de se remarier, elle conservoit au pouvoir domestique toute son indépendance, et qu'elle étoit de sa part un acte de juridiction , même lorsqu'elle n'étoit pas un acte de justice.

Mais cette faculté, tolérée à cause de la *dureté de cœur* de ce peuple indocile et grossier, supportable pour un temps, receloit, comme toutes les loix imparfaites, un germe de corruption qui ne tarda pas à se développer. On voit dans les livres des rabbins, que ces docteurs, interprétant au gré de leurs caprices et des passions de la multitude la loi de la répudiation, permettoient au mari de renvoyer sa

femme pour les causes les plus légères ou sur
les prétextes les plus ridicules, et même à la
fin, la femme, comme il paroît par quelques
exemples, usurpa le droit de répudier son mari.

Les mœurs des premiers Romains luttèrent,
pendant plusieurs siècles, contre la faculté du
divorce; il ne fut connu chez eux que bien
tard. Toujours la femme qui n'avoit eu qu'un
époux fut honorée; et sur les monuments fu-
néraires de l'ancienne Rome on lit encore :
Conjugi piæ, inclytæ, univiræ; « A l'épouse
» qui n'a eu qu'un époux ».

Mais *la plus haute sagesse se fit entendre*,
et le christianisme, qui n'est que l'application
à la société de toutes les vérités morales, commença par constituer la famille, élément nécessaire de toute société publique. Il s'introduisit dans les mœurs; de voluptueuses et
cruelles qu'elles étoient, il les rendit douces
et sévères. Bientôt il passa des foyers domestiques sur le trône des Césars; il changea les
nations comme il avoit changé les hommes, et
les mœurs domestiques devinrent des loix publiques.

Ils furent lents et presque insensibles, les progrès de ce *grain de sénevé* destiné à devenir *un grand arbre* qui devoit réunir tous les peuples sous son ombre; ils furent lents comme le sont les progrès de tout ce qui est destiné à une longue durée; les mœurs et les loix se ressentirent long-temps de la foiblesse et de la licence païennes, d'où le monde sortoit avec tant d'efforts. C'est un spectacle digne des plus sérieuses méditations, que celui qu'offre la lutte du paganisme expirant contre l'influence naissante de la religion chrétienne. On commence à l'apercevoir dans quelques loix des empereurs, même du premier ou du second siècle de notre ère; elle se continue jusqu'aux derniers législateurs de l'empire d'Orient, et les loix de Justinien en sont encore fortement empreintes. C'est dans la suite de toute cette législation qu'on voit, avec l'intérêt qu'inspirent de si hautes vérités, la société, se dégageant lentement des erreurs qui l'obscurcissent, rejeter peu à peu de son sein toutes les coutumes barbares ou licencieuses, et l'exposition des enfants, et les jeux sanglants de

l'arène, et l'immolation des victimes humaines,
et l'esclavage, et le divorce devenu dans les derniers temps une véritable polygamie. Quelquefois, selon les temps et les lieux, les progrès semblent arrêtés ; quelquefois même on
remarque des loix rétrogrades ; mais la marche
générale de la société vers la civilisation n'en
est pas moins constante et continue, et les
peuples du nord, qui viennent à la fin renouveler le corps épuisé de l'empire romain, partout où ils peuvent former des établissements,
reçoivent des vaincus la religion chrétienne,
en échange de la constitution monarchique
qu'ils leur apportent.

Le divorce fut, de tous les désordres du paganisme, celui qui résista le plus long-temps
à l'influence de la religion chrétienne, non
précisément chez le peuple, dont les mœurs
toutes guerrières étoient chastes et simples ;
mais chez les grands, pour qui le divorce ou
même la polygamie étoient une sorte de luxe.
Tacite nous l'apprend dans *les Mœurs des Ger-*
mains, où il rend un si bel hommage aux
mœurs de ces peuples sur le mariage. Il fallut,

pour déraciner dans les grands l'habitude du
divorce, toute l'autorité des chefs de l'Église,
employée quelquefois avec une rigueur que,
loin de ces temps, nous taxons si légèrement
d'imprudence ou de hauteur, et l'histoire de
nos anciens rois en offre plus d'un exemple.

Cette faculté dangereuse que le christianisme avoit eu tant de peine à bannir de la
société, un christianisme qui vouloit être plus
sévère, vint au quinzième siècle l'y rétablir;
la société en fut ébranlée jusque dans ses fon-
demens. Cette révolution dans la famille en
commença, en prépara d'autres pour l'État,
et un principe démocratique se manifesta aussitôt en Europe dans le système politique.

La révolution françoise, qui s'emparoit de
tous les moyens de séduction et de désordre
comme de son patrimoine, ne devoit pas né-
gliger celui-là. Le divorce fut décrété. Vous en
avez vu, messieurs, les funestes effets, et vous
connoissez les désordres qu'ils auroient produits, si le peuple, plus sage que ses législateurs, n'eût opposé ses mœurs anciennes aux
loix nouvelles, et la sévérité de sa religion ou

de sa morale aux criminelles complaisances de
la politique. Vous me dispenserez sans doute
de vous en retracer le tableau; les moments
sont trop chers, et certes, après vingt-cinq ans
de discussions, il est temps de conclure.

Au reste, si vous aviez besoin d'une autorité autre que celle de votre raison et de votre
expérience, je vous dirois qu'à toutes les époques où cette loi a été discutée au Conseil d'État,
ou dans les différentes assemblées législatives,
elle a été combattue par les hommes les plus honorables et par les meilleurs esprits. Dans le
temps, un écrivain à qui cette belle cause te-
noit lieu de talent, la défendit avec quelque succès; et l'on trouva plus prompt et plus facile de
l'injurier ou de le proscrire que de lui répondre. Il n'a paru, je ne crains pas de le dire, aucun discours en faveur du divorce, aucun écrit
qui ait laissé quelque souvenir; et on sait assez
que l'usurpateur, dans la plénitude de sa puissance, l'auroit aboli pour lui-même, comme il
l'abolit pour les membres de sa famille, si, se
voyant sans postérité, il n'eût voulu dès lors
se ménager la facilité de s'en servir un jour.

Les hommes qui l'avoient introduit dans nos loix l'ont toujours défendu comme le sceau et le caractère spécial de la révolution; et il est resté dans notre législation jusqu'à nos jours, monument de honte et de licence qui attestera aux siècles futurs quelle a été, à cette époque, la foiblesse des mœurs et le dérèglement des esprits.

La différence des croyances religieuses sur le lien du mariage ne peut pas être un obstacle à l'abolition de la faculté du divorce.

Sans doute, messieurs, le rétablissement de la religion est le besoin le plus pressant du peuple, et le premier vœu de ses députés; notre devoir est de lui rendre sa considération et son influence, de la replacer dans les habitudes et les sentiments des peuples, et d'en faire, en un mot, le plus puissant auxiliaire de l'administration, comme elle est le dogme fondamental et la sanction nécessaire de toute constitution.

Mais, dans la question qui vous occupe, le gouvernement aura rempli tous ses devoirs envers la religion, lorsqu'il aura pourvu à ce que le lien du mariage, formé par le consentement mutuel des parties, garanti par la puissance civile, et consacré par la puissance religieuse, ne puisse être dissous par la loi.

Ainsi, le mariage est un acte domestique, civil et religieux à la fois, qui, dans l'état public de société, exige, pour être valide, le concours des trois pouvoirs, domestique, civil et religieux; dans le consentement des parties autorisées par leurs parents, dans l'intervention du pouvoir civil, dans le concours de l'autorité religieuse. Une fois le lien formé par ce triple nœud, et que la famille qu'il a fondée a pris rang parmi les familles qui composent l'État, le législateur ne doit plus la considérer que comme une partie intégrante et inséparable du grand tout politique, composé lui-même de familles, de religion et d'État.

Nos lois actuelles, séparant avec soin ce que les législateurs de tous les temps avoient mis tant d'intérêt à réunir, la religion et la politique, ne considèrent le mariage que comme un contrat civil, pour la validité duquel elles n'exigent que le consentement des parties, sans aucun concours de l'autorité religieuse que la loi affecte de ne pas connoître, à qui même elle ne permet pas de précéder l'acte civil qui opère seul tous les effets civils du mariage.

Et à ce propos, j'oserai réclamer, au nom de la religion et des mœurs, au nom de la liberté individuelle, et même de la liberté des cultes, contre la tyrannie de ces unions dans lesquelles une jeune personne, trahie par sa propre foiblesse, par l'autorité de ses parents, et quelquefois, et nous en avons vu des exemples, par une influence supérieure, et engagée seulement par l'acte civil, voit éluder ou même formellement désavouer la promesse de la bénédiction nuptiale, sur la foi de laquelle elle avoit donné sa main, sans qu'elle puisse obtenir justice d'un parjure, et forcée ainsi de vivre dans un état qui blesse également les mœurs publiques et sa propre conscience.

On ne conteste pas, sans doute, à l'autorité civile le droit d'établir des empêchements au mariage. La politique, quelquefois plus sévère que la religion, en admet que la religion n'a pas dû connoître. La loi en France, par exem-

ple, faisoit un empêchement au mariage du
défaut de consentement des parents, consentement dont la discipline du Concile de Trente
fait un conseil, un devoir et non une nécessité
légale; et je crois qu'en Espagne, où la discipline du Concile de Trente étoit reçue, le consentement des parents n'est reconnu nécessaire
que depuis quelques années. L'Église pouvoit
aussi accorder des dispenses pour des degrés
de parenté prohibés aujourd'hui par nos loix.
Et qu'on ne s'étonne pas de cette contradiction
apparente entre la religion et la politique : la
religion est universelle, la politique n'est que
locale. La religion, destinée à se répandre chez
tous les peuples, et même chez les peuples
naissants, où la population est un besoin, a
dû laisser aux mariages toutes les facilités qui
sont compatibles avec la loi naturelle; tandis
que la politique de chaque État, faisant à un
peuple particulier l'application de ce principe,
a pu, a dû même restreindre cette facilité lorsqu'une population surabondante rapprochant
les hommes, les familles et les sexes, a forcé

de placer l'intérêt des mœurs avant tout autre intérêt.

Ainsi nul doute que l'autorité politique ne puisse, pour l'intérêt public, celui des familles et de l'État, prohiber le divorce en permettant la séparation, et faire d'un premier lien contracté par deux personnes actuellement vivantes, un empêchement formel et *dirimant* à un second mariage.

Mais y a-t-il des raisons suffisantes pour légitimer cet acte de la puissance civile? Voilà la question.

Il y a en faveur de l'indissolubilité du lien conjugal, des raisons prises de la nature même physique de l'homme, des raisons prises dans sa nature morale, des raisons tirées de la loi civile, des raisons tirées des considérations politiques.

Nous parcourrons rapidement ces différents motifs.

1°. La fin du mariage n'est pas les plaisirs de l'homme, puisqu'il les goûte hors du mariage.

La fin du mariage n'est pas seulement la

production des enfants, puisque cet effet peut
avoir lieu sans le mariage.

Mais la fin du mariage est à la fois la production de l'enfant et sa conservation ; conservation qui, en général, n'est pas assurée sans
le mariage et hors du mariage ; et, dans ce mot
conservation, j'entends la conservation morale
et physique, le soin de l'éducation de l'enfant
comme celui de sa vie.

La fin du mariage est donc la perpétuité du
genre humain, qui se compose, non des enfants
produits, mais des enfants conservés. On parle
de population que le divorce favorise, et l'on
ignore que si l'union des sexes favorise la population dans un pays inhabité, la seule société
des époux maintient et accroît la population
chez une nation formée ; et que le divorce, là
où le législateur a l'imprudence d'en introduire
ou d'en maintenir la faculté, détruit autant
de familles qu'il fait naître d'enfants. Les peuplades sauvages, où tous les individus se ma-
rient, sont foibles et misérables ; et chez les
peuples civilisés, où les besoins de la société
condamnent au célibat une partie nombreuse

de la nation, l'État est populeux et florissant.

La femme, par le divorce, n'est pas moins opprimée que l'enfant.

Dans cette société, les mises ne sont pas égales; l'homme y place sa force, la femme sa foiblesse. Les résultats, en cas de dissolution, ne sont pas égaux, puisque l'homme s'en retire avec toute son indépendance, et que la femme n'en sort pas avec toute sa dignité; et que de tout ce qu'elle y a porté, pureté virginale, jeunesse, beauté, fécondité, considération, fortune, elle ne peut reprendre que son argent.

2°. Raisons morales. Ici, messieurs, permettez-moi de vous adresser les paroles que, citoyen obscur et proscrit, j'adressois, il y a quinze ans, à des législateurs moins dignes que vous de les entendre; j'en adoucirai quelques traits qui heureusement ne conviennent plus au temps où nous sommes. « La loi, dites-» vous, n'ordonne pas le divorce (1) ».

_____

(1) *Le Divorce considéré au dix-neuvième siècle.* Chez Leclerc, imprimeur-libraire, quai des Augustins, n° 35.

« Législateurs, leur disois-je, chez un peuple
» peu avancé dans les arts, la tolérance du di-
» vorce est sans danger, parce qu'elle est sans
» exemple ; à cet âge de la société, l'homme ne
» voit dans sa femme que la mère de ses enfants
» et la gouvernante de sa maison; son amour
» pour elle est de l'estime, et l'amour de la
» femme pour son époux est du respect. La
» chasteté, la virginité même sont un honneur,
» et tous ces raffinements de sensibilité qui
» présentent un sexe à l'autre sous des rapports
» de jouissance personnelle et d'affections sen-
» timentales, sont inconnus à leur simplicité.
» Mais lorsqu'une société en est venue à ce
» point que les folles amours de la jeunesse,
» aliment inépuisable des arts, sont devenues
» sous mille formes l'entretien de tous les âges,
» lorsque l'autorité maritale y est une dérision,
» et l'autorité paternelle une tyrannie; lorsque
» des livres obscènes, partout étalés, vendus
» ou loués à si vil prix qu'on pourroit croire
» qu'on les donne, apprennent à l'enfant ce
» que la nature ne révèle pas même à l'homme
» fait.... Lorsque la nudité de l'homme, carac-

» tère distinctif de l'extrême barbarie, s'offre
» partout à nos regards dans les lieux publics,
» et que la femme elle-même, vêtue sans être
» voilée, a trouvé l'art d'insulter à la pudeur
» sans choquer les bienséances; lorsque la re-
» ligion a perdu toutes ses terreurs, et que des
» époux philosophes ne voient dans leurs infi-
» délités réciproques qu'un secret à se taire
» mutuellement, ou peut-être une confidence
» à se faire; tolérer le divorce, c'est légaliser
» l'adultère, c'est conspirer avec les passions de
» l'homme contre sa raison, et avec l'homme
» lui-même contre la société. Après cela, fondez
» des *rosières* pour récompenser la vertu des
» filles, faites des idylles pour chanter la féli-
» cité des époux, accordez des primes à la fé-
» condité, et mettez des impôts sur le célibat,
» et vous verrez, avec tous ces moyens philo-
» sophiques, les désordres de la volupté croître
» avec le dégoût du mariage, et nos mœurs de-
» venir, s'il est possible, aussi foibles que vos
» loix ».

Alors, messieurs, le divorce étoit permis même
pour incompatibilité d'humeur; depuis, il a

été entouré de plus d'obstacles. Mais il ne s'agit pas de rendre le divorce difficile, il faut rendre le mariage honorable, et ne pas ajouter à toutes les causes de corruption qui agissent si puissamment dans une société avancée, cette provocation à l'inconstance naturelle à l'homme, et dont l'indissolubilité du lien conjugal doit être le remède.

3°. Mais si le divorce est en morale une source de corruption, il est, aux yeux de la loi civile un acte d'injustice, et, je peux le dire, cette raison parut démonstrative au célèbre jurisconsulte feu M. Portalis, à la prière de qui celui qui a l'honneur de parler devant vous, messieurs, traita alors la question du divorce.

« Le pouvoir civil n'intervient dans le contrat
» d'union des époux, que parce qu'il y repré-
» sente l'enfant à naître, seul objet social du
» mariage, et qu'il accepte l'engagement qu'ils
» prennent en sa présence et sous sa garantie
» de lui donner l'être. *Dans les sociétés ordi-*
» *naires*, disoit le rapporteur du projet pré-
» senté au Conseil d'État, *on stipule pour soi;*
» *dans le mariage, on stipule pour autrui.* Le

» pouvoir y stipule donc les intérêts de l'enfant,
» puisque la plupart des clauses matrimoniales
» sont relatives à la survenance des enfants, et
» que même il accepte quelquefois certains
» avantages particuliers, stipulés d'avance en
» faveur d'un enfant à naître dans un certain
» ordre de naissance ou de sexe, et ministre du
» lien qui doit lui donner l'existence, il en
» garantit la stabilité qui doit assurer sa con-
» servation.

» L'engagement conjugal est donc réellement
» formé entre trois personnes présentes ou re-
» présentées; car le pouvoir public qui précède
» la famille et qui lui survit, représente tou-
» jours dans la famille la personne absente,
» soit l'enfant avant sa naissance, soit le père
» après sa mort.

» L'engagement formé entre trois, ne peut
» donc être rompu par deux, au préjudice du
» tiers, puisque cette troisième personne est,
» sinon la première, du moins la plus impor-
» tante; que c'est à elle seule que tout se rap-
» porte, et qu'elle est la raison de l'union so-
» ciale des deux autres. Le père et la mère qui

» font divorce, sont donc réellement deux forts
» qui s'arrangent pour dépouiller un foible, et
» le pouvoir public qui y consent est complice
» de leur brigandage. Cette troisième personne
» ne peut, même présente, consentir jamais
» à la dissolution de la société qui lui a donné
» l'être, puisqu'elle est *mineure* dans la famille,
» même lorsqu'elle est *majeure* dans l'État, par
» conséquent, toujours hors d'état de consentir
» contre ses intérêts et à son préjudice : et le
» pouvoir civil qui l'a représentée pour former
» le lien de la société, ne peut plus la repré-
» senter pour le dissoudre, parce que le tuteur
» est donné au pupille, moins pour accepter
» ce qui lui est utile que pour l'empêcher de
» consentir à ce qui lui nuit ».

4°. Les raisons politiques de l'indissolubilité
du lien conjugal sont prises dans une théorie
dont les bornes d'un rapport ne permettent
pas le développement; mais il suffira de dire
que telle est l'identité des principes et de la
constitution de la société domestique et de la
société publique; telle, par conséquent, l'analogie de nos idées sociales, que les pensées,

les sentiments et les habitudes que fait naître l'indissolubilité de la monarchie domestique, conduisent naturellement aux pensées, aux sentiments, aux habitudes qui défendent et conservent l'indissolubilité, ou, ce qui est la même chose, la *légitimité* de la monarchie politique. Toutes les doctrines qui ont affoibli l'une, ont attenté à l'autre; partout où le lien domestique a été dissous, le lien politique a été rompu ou relâché : la démocratie politique, qui permet au peuple, partie foible de la société politique, de s'élever contre le pouvoir, est la compagne nécessaire de la faculté du divorce, véritable démocratie domestique, qui permet aussi à la partie foible de s'élever contre l'autorité maritale, et d'affoiblir ainsi l'autorité paternelle; et, pour retirer l'État des mains du peuple, comme dit Montesquieu, il faut commencer par retirer la famille des mains des femmes et des enfants.

Et ne croyez pas, messieurs, que ce soit la religion ou les peuples catholiques qui demandent seuls l'indissolubilité du lien conjugal : de vives réclamations se sont élevées dans le sein

même de la réforme. La question de l'abolition
du divorce fut mise en délibération au parlement d'Angleterre il y a quelques années, et
l'évêque de Rochester, répondant à lord Mul-
grave, avança que, sur dix demandes en divorce
pour cause d'adultère, car on ne divorce pas en
Angleterre pour d'autres motifs, il y en avoit
neuf où le séducteur étoit convenu d'avance
avec le mari de lui fournir des preuves de l'in-
fidélité de sa femme. Le même orateur remar-
qua que les hommes qui s'étoient montrés, en
Angleterre, les plus indulgents pour le divorce,
avoient été les partisans les plus outrés de la
démagogie françoise. « En Angleterre, dit
» M. Malleville, au nom de la cour de cassa-
» tion, le divorce étoit devenu si abusif, que,
» quoique les frais d'un pareil acte et d'une
» telle procédure soient énormes, cependant
» l'abondance de l'or et la corruption des mœurs
» rendoient les adultères et les divorces si fré-
» quents, qu'en 1779 ils excitèrent la sollicitude
» du parlement, et qu'il y eut des avis, parti-
» culièrement celui du duc de Richmond, pour
» abolir entièrement le divorce. On se contenta

» cependant d'y mettre de nouvelles entraves.
» On défendit à l'homme et à la femme adul-
» tères de se marier avant un an; mais l'expé-
» rience a prouvé que ce remède ne remplis-
» soit pas son objet, et dernièrement encore
» on a vu des plaintes se renouveler, à ce sujet,
» au parlement ».

Enfin, des écrivains protestants se sont eux-
mêmes élevés contre la faculté du divorce; madame Necker, entre autres, dans un traité écrit
sur cette question, admire la doctrine de l'Église
catholique sur le mariage; et D. Hume, dans son
dix-huitième Essai, dit formellement : « L'ex-
» clusion de la polygamie et du divorce fait suf-
» fisamment connoître l'utilité des maximes
» de l'Europe, par rapport au mariage ».

Vous regrettez sans doute, messieurs, que
la sévérité de vos réglements ne vous permette
pas de rendre aux mœurs un hommage éclatant,
en votant par acclamation l'abrogation de la
faculté du divorce, et qu'il vous soit interdit
de traiter cette loi désastreuse, comme les coupables de notoriété publique que la justice met

hors la loi, et qu'elle condamne au dernier supplice sur la seule identité.

Hâtons-nous donc, messieurs, de faire disparoître de notre législation cette loi foible et fausse qui la déshonore; cette loi, fille aînée de la philosophie qui a bouleversé le monde et perdu la France, et que sa mère, honteuse de ses déportements, n'essaie plus même de défendre; cette loi repoussée par la conscience du plus grand nombre, désavouée par les mœurs de tous, et dont ceux à qui elle est permise par leurs dogmes, n'usent pas plus que ceux à qui elle est défendue; loi si foible et si fausse, que les législateurs qui l'ont portée, en voulant qu'elle fût possible, ont cherché à la rendre impraticable, et en l'entourant de difficultés et d'obstacles, n'ont pas craint de la flétrir à l'instant même qu'ils la proposoient. Les anciens, dans un état imparfait de société, plus avancés dans la culture des arts que dans la science des loix, ont pu dire : Que peuvent les loix sans les mœurs ? *Quid leges sine moribus vanæ proficiunt ?* Mais lorsque l'État, parvenu aux derniers confins de la civilisation, a pris un si grand empire sur la famille, et que le pouvoir public a envahi, ou peu s'en faut, tout le pouvoir domestique, il faut renverser la maxime, et dire : que peuvent les mœurs sans les loix qui les maintiennent, ou même contre les loix qui les déreglent ?

Osons le dire : l'État n'a de pouvoir sur la famille que pour en affermir le lien et non pas le dissoudre; et si l'État détruit la famille, la famille à son tour se venge et mine sourdement l'État. Je le disois au gouvernement qui pesoit alors sur notre malheureuse patrie :

« Hélas ! nous ne vous contestons pas le droit » terrible d'anéantir nos familles en sacrifiant » à la défense de l'État ceux que la nature desti- » noit à les perpétuer, et que nous avions élevés » dans une autre espérance; mais, nous vous » disputons le droit de les corrompre en y dé- » truisant l'autorité du mari, la subordination » de la femme, la dépendance des enfants, et » en nous ôtant ainsi, contre la dépravation » publique, l'asile des vertus domestiques; et, » puisqu'il faut le dire, on n'a que trop entre- » tenu les peuples du devoir de réclamer leurs

» droits, et on ne leur a jamais parlé du devoir
» sacré de défendre leurs vertus.

» Législateurs, vous avez vu le divorce amener
» à sa suite la démagogie, et la déconstitution
» de la famille précéder celle de l'État. Que cette
» expérience ne soit perdue ni pour votre in-
» struction ni pour notre bonheur! Les familles
» demandent des mœurs, et l'État demande des
» loix. Renforcez le pouvoir domestique, élé-
» ment naturel du pouvoir public, et consacrez
» l'entière dépendance des femmes et des en-
» fants, gage de la constante obéissance des
» peuples.

» Pendant vingt ans, les hommes, en France,
» ont fait des loix foibles et passagères comme
» eux. Déclarez enfin ces loix éternelles que les
» hommes ne font pas, et qui font les hommes;
» commandez-nous d'être bons, et nous le se-
» rons. Un peuple qui a tout enduré est capable
» de tout recevoir. Songez que l'âge auquel la
» société est parvenue ne permet plus ces loix
» foibles et les molles complaisances qui ne
» conviennent qu'à son enfance. Malheur et
» honte au gouvernement qui voudroit faire

» rétrograder l'homme social vers l'imperfec-
» tion du premier âge; il élèveroit l'édifice de
» la société sur le sable mouvant des passions
» humaines, et il sèmeroit le désordre pour
» laisser aux générations suivantes des révolu-
» tions à recueillir ».

1 . nous, messieurs, dont un grand nombre
est au moment de voir terminer, et peut-être
pour toujours, une carrière à peine commen-
cée, laissons du moins dans la loi fondamentale de l'indissolubilité du lien conjugal un
monument durable d'une existence politique
si fugitive. Si le temps nous a manqué pour
remplir une mission que nous avions reçue,
que nous avions acceptée, résignés à en atteindre le terme, nous aurons du moins posé
la première pierre, la pierre angulaire de l'édifice que d'autres plus heureux achèveront de
reconstruire.

Premiers confidents des malheurs sans nombre que l'invasion étrangère a attirés sur notre
pays, et ministres des sacrifices rigoureux qu'elle
lui impose, nous nous ferons pardonner par
nos concitoyens cette douloureuse fonction;

nous en serons soulagés à nos propres yeux, si nous avons le temps de laisser plus affermies la religion et la morale.

Je propose qu'il soit fait une respectueuse adresse à Sa Majesté, pour la supplier d'ordonner que tous les articles relatifs à la dissolution du mariage et au divorce, qui sont contenus aux chapitres 7 et 8 du titre V, et dans les chapitres 1, 2, 3, 4, 5 du titre VI, soient retranchés du Code civil.

RAPPORT

Fait au nom de la Commission centrale, sur la proposition de M. Michaud, tendante à voter des remercîmens à tous ceux qui ont défendu le Roi et la royauté lors de la révolution du 20 mars et durant l'interrègne.

Comité secret du 22 janvier 1816.

MESSIEURS,

Lorsque vous avez voulu délibérer sur la proposition de notre honorable collègue M. Michaud, de décerner un témoignage public de reconnoissance aux François qui, dans les funestes événemens du 20 mars, ont donné des preuves de zèle, de courage et de fidélité; d'honorables réclamations se sont élevées de toutes parts, et la nation presque entière s'est présentée comme ce bataillon d'élite à qui un général demandoit quelques hommes dé bonne volonté pour une expédition périlleuse, et qui s'avança tout entier et refusa de faire un choix entre des hommes également disposés à en partager l'honneur et le danger. En effet, la fidélité au gouvernement légitime, le respect pour ses serments et pour soi-même, toutes les vertus politiques, tous les sentiments généreux, ont eu partout leurs représentants, et il n'est aucun département, aucune commune qui n'ait fourni son contingent à cette honorable contribution.

S'il y a eu, dans toutes les parties de la France, des hommes égarés; si des méchants, toujours agissants parce qu'ils sont toujours agités par leurs remords, sont parvenus à en imposer sur leur nombre, par leur activité, sur leur force, par leur audace, et l'on peut dire sur leurs coupables espérances, par des mesures désespérées, et à amener ainsi des événements qui ne furent imprévus que pour les hommes imprévoyants; partout aussi un bien plus grand nombre de bons citoyens et de vrais François ont repoussé et les menaces et les promesses, et se sont montrés également

inaccessibles à la séduction et à la violence ;
partout où la révolte a été armée, la résistance
l'a été aussi ; elle a été calme sans être moins
ferme, là où la révolte a été timide ; et il n'y
a pas de lieu en France où la royauté légitime n'ait eu ses confesseurs ou ses martyrs.

Et comme s'il eût fallu que nos illustres
alliés eussent la preuve irrécusable que l'explosion des vœux ardents qui rappeloient au
trône l'auguste famille de nos rois, n'étoit re-
tardée que par la force qui comprimoit le
monde : deux fois ils ont vu la France, la
France des Bourbons les accueillir comme ses
libérateurs, et seconder par son enthousiasme
leur noble entreprise.

Sans doute les factieux s'agiteront encore.
Tant de vanités blessées, d'ambitions trom-
pées, de cupidités frustrées dans leur attente,
chercheront à renouer leurs trames : ces hommes, toujours coupables et toujours pardonnés, verseront des larmes hypocrites sur les
maux qu'ils ont eux-mêmes provoqués ; ils
s'apitoieront sur les malheurs de ce peuple
qu'ils ont si long-temps foulé aux pieds : ce

peuple trop crédule, ils le nourriront de bruits
mensongers, de nouvelles absurdes, de folles
espérances, de craintes chimériques ; ils se
feront des alliés de tous nos ennemis, et voudront nous faire des ennemis de tous nos alliés ; ils s'armeront au nom du Roi pour atta-
quer la constitution, et de la constitution,
pour affoiblir l'autorité du Roi. Que le gouvernement soit ferme, qu'il soit sévère : que pour-
roit-il pardonner encore après tout ce qu'il a
pardonné ? La malice ne peut plus désormais
trouver son excuse dans l'ignorance.

Les deux Chambres n'ont pas manqué au
gouvernement ; elles lui ont donné tout ce
qu'il lui falloit pour être fort, et tout ce qu'il
pouvoit désirer pour être clément ; il n'avoit
besoin que de lui-même pour être juste ; notre
tâche est remplie : « Mais les meilleures loix,
» dit le chancelier de l'Hospital, sont impuis-
» santes, si les magistrats sont foibles ». C'est
donc du bon choix des agents de l'autorité jusque dans les dernières fonctions, que dépend
désormais notre salut ; et certes, qu'il nous
soit permis de le dire une fois, pour nous taire

toujours, nous avons payé assez cher le droit
de demander au gouvernement cette garantie.

Le Roi, messieurs, a confondu tous ses enfants égarés, dans son inépuisable bonté ; le
peuple françois confondra tous ses enfants fidèles, dans sa juste reconnoissance ; nous ne
distinguerons pas des actes particuliers de zèle
et de fidélité dans un royaume qui, tout entier, a tressailli d'allégresse au retour de son
Roi : nous ne ferons pas naître des rivalités
lorsqu'il y a eu entre tous une si honorable
émulation ; et comment, messieurs, et à qui
pourrions-nous décerner des remercîmens particuliers, lorsque le plus chéri de nos princes
du sang, parce qu'il en est l'aîné, a refusé lui-
même l'hommage d'admiration et de respect
que la Chambre des pairs vouloit offrir à Mon-
seigneur le duc d'Angoulême, et qu'il n'a pas
voulu que la fidélité de son fils fût distin-
guée de celle des autres enfants de la famille ?
Grande leçon qui nous apprend à tous que
tous sont sujets dans l'État, et que tous doivent être sujets fidèles, et les princes plus que
les autres.

Recevez donc ici, par l'organe des députés
de la nation, un témoignage solennel de la
reconnoissance publique, vous tous, Princes,
nos chefs par votre naissance comme vous êtes
nos modèles par vos vertus; vous, prêtres,
magistrats, guerriers, citoyens de tout rang,
de tout âge, de tout sexe, qui, par votre courage et votre constance, avez consolé votre
mère aux jours de son veuvage, et en recou-
vrant votre père lui avez rendu son époux.
Grâces vous soient rendues de n'avoir pas
désespéré du salut de votre patrie, ni du retour
de son Roi légitime, et d'avoir donné à tous
les rois cette grande leçon, et à tous les peuples ce grand exemple, que la puissance la plus
formidable par ses trésors et ses armées, a encore besoin, pour se soutenir, de l'affection et
de l'estime des gens de bien.

Si vos noms ne sont pas inscrits sur des registres publics, un monument plus solennel
et plus durable, le trône de France raffermi
sur ses antiques fondements, attestera à l'Europe et au monde votre courageuse fidélité.
Qu'ils se perpétuent dans vos familles, ces

nobles sentiments : racontez à vos enfants ce
que vous avez fait pour cette sainte cause;
qu'ils ignorent, s'il est possible, ce que vous
avez souffert. Dites-leur tout ce que nous
avons perdu de raison, tout ce que nous avons
dissipé de bonheur pour avoir voulu être plus
sages et plus heureux que nos pères. Dites-leur
nos fautes, dites-leur nos forfaits; mais taisez
le nom des coupables. Que nos neveux apprennent avec quelles douleurs la France a enfanté
son Roi, et qu'ils restent à jamais fidèles à cette
légitimité du pouvoir, hors de laquelle il n'y
a plus à espérer, pour la France et pour l'Europe, ni bonheur public, ni repos domestique.

Votre commission vous propose de passer
à l'ordre du jour, motivé sur ce que S. A. R.
Monsieur ayant refusé le témoignage de reconnoissance et de respect que la Chambre des
pairs se proposoit de voter à S. A. R. Monsei-
gneur le duc d'Angoulême, la Chambre des
députés ne peut accorder une mention honorable à aucun François; motivé en outre sur

ce que la grande majorité des François s'étant montrée fidèle, la Chambre ne peut mention-ner tous ceux qui ont fait leur devoir pendant l'interrègne.

———

OPINION

*Sur la Proposition de M. le comte de Blangy,
et sur le Rapport de M. Roux de Laborie,
relatifs à l'amélioration du sort du Clergé.*

Séance du 7 février 1816.

MESSIEURS,

Je ne reviendrai pas sur une matière épuisée par le rapporteur de votre commission, et je ne vous parlerai pas de l'état du clergé, dont il a si éloquemment exposé les besoins et les misères. Assez d'autres vous en ont raconté les malheurs. Les âges précédents avoient vu la violence du zèle religieux et le fanatisme des croyances. Il étoit réservé au nôtre de voir les fureurs du zèle philosophique, l'athéisme devenu une religion, et un peuple chrétien poussé, au nom de la tolérance et de la liberté religieuses, aux dernières violences contre les ministres de son culte, sans vouloir et sans croire renoncer à sa religion.

Habitants pour là plupart des campagnes, vous avez gémi plus d'une fois de l'état d'humiliation et de mépris auquel se trouve réduit un prêtre qui, vivant de salaires au milieu de propriétaires, n'a pas même les droits et l'indépendance du citoyen. Vous avez vu la religion, qui doit parler de si haut et avec tant d'empire, sans parole et sans voix devant l'ignorance insolente d'un municipal de village, demander du pain à la porte de ces mêmes chaumières où elle ne devroit porter que des consolations et des bienfaits. Cet état va cesser sans doute.

Et certes, si nous avions besoin d'un grand exemple pour rendre à la religion les honneurs qui lui sont dus, nous le trouverions aujourd'hui dans cette déclaration solennelle de trois grandes puissances de l'Europe, insérée hier dans les journaux; déclaration qui, mieux que leurs armées, termine la révolution et réalise le vœu que celui qui a l'honneur de

parler devant vous, messieurs, a consigné il y
a dix ans dans un de ses écrits :

« La révolution a commencé par la déclara-
» tion des droits de l'homme, elle ne finira que
» par la déclaration des droits de Dieu ».

Véritable traité de paix entre la religion et
la politique, expiation solennelle des erreurs
ou des foiblesses de la diplomatie révolution-
naire, par laquelle la religion chrétienne, représentée par les trois puissances qui en pro-
fessent les trois communions, ressaisit le scep-
tre de l'Europe, que des insensés avoient voulu
arracher de ses mains; et en réunissant ainsi,
dans les mêmes vues politiques, les aînés de
ses enfants, semble, malgré des apparences et
peut-être des desseins contraires, préparer de
loin les voies à une réunion générale et réli-
gieuse, seule raison peut-être de tout ce que
nous avons vu, seul prix qui puisse payer tout
ce que nous avons souffert. Cet acte, véritable
renaissance du christianisme en Europe, et qui
est *daté à Pétersbourg* du 25 décembre, *jour de
la naissance de notre Sauveur*, sera aussi une *ère*
de la civilisation ; elle datera du règne de ces

princes magnanimes, comme elle datoit des
règnes de Constantin et de Charlemagne; et
lorsqu'ils proclament hautement la souverai-
neté même politique de celui à qui *toute puis-*
sance a été donnée dans le ciel et sur la terre;
lorsqu'ils relèvent sa croix abattue, qu'ils mar-
chent avec courage à la conquête pacifique de
la justice et de la vérité, et qu'ils songent que
c'est aux princes chrétiens, et pour des guerres
semblables, qu'il a été dit : *In hoc signo vinces.*

Hélas! la France eût donné autrefois cet
exemple qu'elle est aujourd'hui forcée de recevoir; mais du moins elle répondra au noble
appel qui lui est fait, en rendant aux ministres de son culte les droits et les prérogatives
de citoyens, et en changeant, dans ses loix
politiques, tout ce qui offense la religion et
alarme les consciences.

On vous a proposé hier de rendre à la religion la partie des biens qui n'a pas été vendue.
Je dis à la religion, et non pas au clergé; car,
si nous voulons faire vivre dans une honnête
aisance les ministres des autels, c'est la religion
seule que nous voulons doter et enrichir. Et il

ne faut pas s'y tromper ; les biens du clergé ont été l'effet de la piété des fidèles ; mais les richesses de la religion qui fondoient et soutenoient tant d'utiles institutions, étoient, plus qu'on ne pense, la cause de cette piété.

La mesure proposée tend à ramener la France, sur un point important, au système territorial ou plutôt foncier, qu'elle avoit si malheureusement abandonné pour le système fiscal, système brillant, il est vrai, mais sans solidité, et qui, favorisant à l'excès dans les fortunes, dans les arts, dans les intérêts, un mouvement qui n'est que de la mobilité, pousse les mœurs à l'inconstance et les esprits au changement.

La religion, comme la royauté, devint propriétaire, et dès les temps les plus anciens, à mesure qu'elle passa de l'état précaire de doctrine persécutée à l'état fixe et stable de société. Mais, et dans les premiers temps où elle vivoit des dons que lui faisoient ses disciples, et dans les derniers où elle reçut ou acquit des fonds de terre, elle ne fut jamais qu'*usufruitière* : et d'abord elle n'avoit que la

propriété d'un usufruit, et plus tard elle n'a
eu que l'usufruit de ses propriétés.

Toutes ces dotations ne furent l'ouvrage ni
d'un siècle, ni d'un homme, ni d'une loi.
Mais une grande et religieuse pensée inspi-
roit tous les esprits, un motif général donnoit l'impulsion à tous les motifs particuliers,
même lorsqu'ils n'étoient pas toujours bien
éclairés; et chacun obéissant, à son insu, à
cette direction générale, croyoit ne prendre
conseil que de lui - même, lorsqu'il étoit en-
traîné par la force des choses et la disposition
universelle des esprits.

Je connois comme un autre les abus qui
se sont glissés, qui pourront se glisser encore
dans cette faculté d'acquérir donnée au clergé.
« Si je voulois, dit Montesquieu, raconter les
» abus des institutions les plus nécessaires, je
» dirois des choses effroyables ». Et qu'il me
soit permis de le répéter à des législateurs,
comme le premier axiome de la science de la
société : « Qu'ils ne doivent jamais s'arrêter
» aux abus inséparables des meilleures choses,
» ni aux avantages, on peut dire inévitables,

» qui se rencontrent dans les plus mauvaises ».

Témoins comme nous, et même plus que nous, des désordres de quelques ministres de la religion, du mauvais emploi de quelques biens ecclésiastiques, nos pères n'accusoient pas la religion des torts de ses ministres, pas plus que la royauté des fautes des rois; et il étoit réservé à la philosophie de nos jours de rétrécir la pensée en voyant toujours l'homme et jamais la société.

Ces grandes dotations, en même temps qu'elles affermissoient la constitution de l'État, en secondoient merveilleusement l'administration. Le crédit de ces grands corps étoit une ressource précieuse dans les dangers publics, et leurs richesses un secours contre les besoins particuliers. Dans toutes les crises politiques, le clergé offroit ou contribuoit de ses biens; il aida au rachat de François Ier, et il offrit, au commencement de la révolution, pour combler le déficit, quatre cent millions, qui, encore aujourd'hui, et avec de plus grandes ressources de finances, feroient la fortune de la France et la tranquillité de son gouvernement ; ses vastes possessions , distribuées dans toutes les provinces , étoient de véritables greniers d'abondance pour les pauvres, *que nous aurons toujours au milieu de nous*, quoi que nous fassions, et à qui nous ne savons, aujourd'hui, donner du pain qu'en les privant de leur liberté pour les empêcher de le demander.

Les grands domaines de la royauté et de la religion avoient l'avantage immense, en politique, de modérer l'excès d'une population toujours croissante, et de fournir, par l'abondance de leurs produits , à la consommation de la classe nombreuse qui, ne cultivant point la terre, ne peut vivre que sur l'excédant des récoltes des grands propriétaires.

La révolution politique, qui commença au quinzième siècle, attaqua toutes les parties de ce beau système, *trouvé dans le bois*, dit Montesquieu , et contre lequel s'élevèrent l'ignorance et la cupidité des villes, et cette guerre, continuée pendant trois siècles, tantôt par les armes, tantôt par des écrits, et sous différentes bannières , s'est terminée par la révolution, vaste naufrage dans lequel, religion, morale, État, familles, loix et mœurs, corps et biens, tout a péri.

Alors l'ancienne économie sociale a été renversée, et le système fiscal a prévalu sur le système foncier. Déjà, depuis long-temps, à la faveur des emprunts publics, il s'étoit manifesté dans la famille une disposition trop générale à convertir ses propriétés domestiques en rentes sur l'État. L'État, à son tour, a converti les propriétés publiques en impôts sur la famille.

Alors il a fallu mettre à la charge du trésor public, ou plutôt de celui des particuliers, la maison royale, la force publique, la justice, la religion, l'instruction publique, et jusqu'à la charité publique. Tout ce qui étoit bienfait pour la société, est devenu charge pour les peuples, et le grand livre de la dette publique sera bientôt la seule propriété publique de beaucoup de gouvernements. Bientôt les gouvernements des peuples agricoles ne tiendront plus au sol ; et au lieu d'être de grands propriétaires, ils ne seront plus que de grands exacteurs de contributions.

La nation la plus riche étoit autrefois celle
qui, dans les besoins publics, pouvoit offrir
à ses créanciers, comme gage de leur hypothèque, les plus grandes masses de biens publics ; c'est aujourd'hui celle qui peut leur
offrir la plus grande somme d'impôts et de
dettes.

Ainsi, les impôts, qui ne devroient servir
qu'à acquitter les besoins passagers de la société, en soldent aujourd'hui tous les services
politiques et religieux ; et comme tout se réduit en salaires, tout aussi s'évalue en argent,
et ce signe de toutes les denrées deviendra
infailliblement le prix de toutes les vertus.

Revenons aux principes. La royauté doit
être propriétaire, pour être indépendante ; et
la religion, attaquée par plus de passions, et
défendue par moins de forces, devroit être, s'il
est possible, plus propriétaire, pour être plus
indépendante.

Il faut donc rétablir la société religieuse, et
lui rendre son indépendance, qui, chez un
peuple propriétaire, ne peut consister que
dans la propriété de la terre. Il faut donc lui

rendre ce qui n'a pas été vendu par ceux qui,
après l'avoir condamnée à mort comme un
coupable, confisquèrent ses biens, ou plutôt
la firent mourir pour les confisquer.

Et comment refuseroit-on à la société religieuse, qui est destinée à durer autant que le
monde, ce qui est l'objet de tous les désirs et
de tous les travaux de la famille, qui ne vit que
quelques générations, je veux dire, la faculté
de passer de l'état précaire de salarié à l'état
stable de propriétaire, et le droit de se placer,
disons mieux, de se planter dans le sol?

Bonaparte lui-même, en fondant un hos-
pice de religieux sur le Mont Saint-Bernard,
le dota de trente mille livres de rente en biens-
fonds. Le gouvernement russe, dans la constitution qu'il vient de donner à la Pologne,
article 31, a non-seulement changé en biens-
fonds la dotation de deux millions de florins
assurés au clergé, sous le nom de *compétence*,
pour jouir de ces biens comme d'une propriété
inaliénable, mais lui a fait rendre les terres
de l'Église, qui avoient été réunies au domaine
de la couronne, et a ordonné en même temps

qu'on retranchât des loix et des ordonnances
tout ce qui pouvoit porter atteinte à la discipline de l'Église et à ses droits reconnus.

Ne nous croyons pas, messieurs, plus sages
que nos voisins. Ils ont décidé toutes les questions qui ont été ou qui seront soumises à vos
délibérations. A Milan, et dans la partie de la
Suisse occupée naguère par la France, on a
rendu au clergé la tenue des registres de l'état
civil; en Espagne, à Naples, à Rome, on a
rétabli des corps enseignants : en Pologne, on
a doté la religion en biens-fonds.

Déjà, messieurs, pour remédier à l'insuffisance de la dotation actuelle de la religion,
même quand les biens non vendus lui seroient
rendus, vous avez accordé au clergé la faculté
de recevoir et d'acquérir, sous l'autorisation du
Roi, qui doit autoriser tout ce qui est bon et
utile à ses peuples.

Cette faculté pourra, avec le temps, permettre de réduire, en proportion des biens
rendus ou donnés, la liste civile du clergé. Cet
avenir, sans doute, est encore éloigné; mais
nous sommes accoutumés depuis long-temps

à souffrir en réalité et à jouir en perspective, et la révolution n'a été pour nous qu'une optique de bonheur.

Je vote pour l'adoption pure et simple de l'article 6 du projet de loi présenté par votre commission sur la proposition de M. de Blangy ; et pour le surplus, je renvoie aux commissions du budget et des pensions viagères à accorder au clergé, les articles 2, 3, 4 et 5 du projet de loi, ainsi que l'amendement présenté par M. Piet, sur la restitution à l'Église des biens non vendus.

OPINION

Sur le Projet de loi relatif aux Élections.

———

Séance du 24 février 1816.

MESSIEURS,

L'essence du gouvernement représentatif est mystérieuse comme celle de la religion; la foi politique a aussi ses obscurités et ses contradictions apparentes; et lorsqu'on veut pénétrer la raison de ses dogmes, ou en expliquer le sens, on est malgré soi livré à d'interminables disputes. Bien avant que le Roi nous eût donné une Charte, et plus encore après qu'il nous l'a donnée, que n'a-t-on pas dit, que n'a-t-on pas écrit sur le bonheur d'avoir une constitution modelée sur celle de l'Angleterre, et sur la prospérité qu'elle promettoit à tous les peuples assez sages pour l'adopter! Nous ne voulons être ni plus ni moins libres que les

Anglois, disoit dans une circonstance mémo-
rable un homme fameux; et cette constitution
étoit une autre terre promise à laquelle on
étoit trop heureux d'arriver, même par quarante ans de combats et de fatigues dans le
désert. Notre langue politique changeoit avec
nos idées; et il n'y a pas long-temps que dans
un procès célèbre, il n'étoit question que *d'im-
peachment*, *d'atteinder*, de *bill d'indemnité*,
et encore aujourd'hui, dans la Chambre des
pairs, la constitution angloise est l'objet d'un
culte particulier; l'encens fume toujours aux
pieds de cette divinité, et le respect pour
cette aïeule vénérable de toutes les constitutions représentatives nées et à naître, a été
porté si loin, qu'un membre de cette Chambre,
connu autrefois par les plus ingénieux badi-
nages, et qui se fait remarquer aujourd'hui
par la sévérité un peu amère de ses opinions,
a demandé qu'à l'instar de la chambre haute
d'Angleterre, les pairs pussent être doublés,
et que les membres qui y représentent la nation pussent eux-mêmes être représentés, et
faire des loix par procureur.

Ici, messieurs, c'est toute une autre doctrine, et l'enseignement le plus constant de notre école, au moins depuis quelques jours, est que notre constitution diffère essentiellement de celle de l'Angleterre, que la nôtre est aussi monarchique que celle-là est républicaine; et si nous ne savons pas bien encore ce qu'est la constitution de la France, nous savons au moins ce qu'elle n'est pas.

Non-seulement nous sommes sur ce point en contradiction avec la Chambre des pairs, et peut-être avec un certain public, mais nous ne sommes pas trop d'accord avec nous-mêmes, puisqu'à propos du système financier et de crédit que nous voulons établir, nous citons sans cesse l'exemple de l'Angleterre, sans faire attention que, pour avoir le même système financier, il faut avoir le même système politique.

Quelles différences n'avez-vous pas remarquées, messieurs, dans les discours des préopinants, et sur l'*opinion publique*, dont les uns ont fait le pivot sur lequel doit rouler toute la machine du gouvernement, et que d'autres

ont réduite à peu près à rien ; et sur les *théories*
dont on a parlé avec tant d'irrévérence, parce
qu'on les confond avec les systèmes ; comme
si tout art n'avoit pas sa théorie ou sa doctrine,
et que le premier de tous, l'art de gouverner
des êtres raisonnables, fût le seul dont les
principes ne fissent pas un corps de doctrine
qui doit être approuvé par la raison !

C'est là cependant que nous en sommes,
après vingt-cinq ans d'essais de constitution et
de raisonnements sur l'*opinion publique* et les
théories politiques ; et si nous pressions les
conséquences des principes que nous avons
entendu professer à cette tribune, dans la
discussion présente ou celle qui a précédé,
nous serions conduits à d'étranges résultats ;
et je crois que deux partisans du gouvernement représentatif ne pourroient bientôt, pas
plus que les augures de Rome, se rencontrer
sans rire.

Mais nous-mêmes, nous ne savons pas bien
encore ce que nous sommes. Nous ne sommes
pas des représentants, encore moins des mandataires, puisque rien ne nous est plus sévère-

ment interdit que de donner ou recevoir des mandats. Nous sommes députés, il est vrai, mais envoyés plutôt pour conseiller le pouvoir que pour le partager. La Charte nous permet bien de faire des propositions ; mais si nous faisons des propositions, nous sommes des imprudents, et peut-être des ambitieux ; nous sommes envoyés pour voter l'impôt ; mais si nous délibérons sur l'impôt, nous voulons entraver la marche du gouvernement. A la Chambre des pairs, on nous reproche de vouloir être plus royalistes que le Roi ; dans la nôtre, nous sommes accusés de démocratie et d'affecter l'indépendance. Ainsi, représentants qui ne représentent rien (1), mandataires sans mandats, plus que conseillers du Roi, moins

---

(1) *Représenter* s'applique aux choses et aux personnes ; appliqué aux choses, il signifie *exposer*. On représente les droits, les titres, les besoins de quelqu'un ; appliqué aux personnes, il signifie *remplacer*. On représente son aïeul dans une succession ; on représente celui dont on a une procuration ou mandat spécial, c'est-à-dire qu'on le remplace. Les députés sont représentants dans les deux sens ;

que législateurs, nous sommes des êtres politiques assez équivoques, et nos fonctions se
borneroient à faire des discours qu'on n'écoute
pas, et à donner des apostilles qu'on ne lit pas.

La discussion dans laquelle nous sommes
engagés n'est pas de nature à faire disparoître
les contradictions; et, si je me le rappelle dis-
tinctement, on nous a parlé avant-hier à propos de cette discussion, de la tour de Babel et
de la confusion des langues.

De quoi s'agit-il, messieurs, dans cette discussion, et quel est le problème qui vous est
proposé? Le plus insoluble de tous les pro-
blèmes politiques, parce qu'il repose sur deux
données, dont chacune est une impossibilité, et toutes les deux ensemble une contradiction.

Nous voulons déterminer le mode d'élection

---

ils exposent les besoins du peuple; ils le remplacent pour
consentir l'impôt à la place des contribuables, c'est à-dire
qu'ils représentent le peuple, non pas dans le sens que le
peuple soit un *pouvoir*, mais dans le sens qu'il est *sujet*
aux charges de l'État, et qu'il doit être aussi le *sujet* de la
sollicitude royale.

de quelques citoyens par un nombre indéterminé d'autres citoyens; et, pour y parvenir,
nous cherchons à la fois à réunir le plus grand
nombre possible d'électeurs, sans confusion et
sans désordre, et le plus petit nombre possible, sans injustice et sans inégalité.

Si, cette forme de gouvernement supposée,
nous voulons, conformément au vœu de la
loi et même de la raison, appeler à ces assemblées tous les citoyens seulement propriétaires,
nous risquons de tomber dans la démocratie
et de donner au peuple trop d'influence dans
le gouvernement; si, retenus par la crainte,
et même par la nécessité, nous voulons réduire
au plus petit nombre les citoyens ayant droit
d'élire, on nous menace du despotisme et des
influences ministérielles. Nouveaux Phaétons,
à qui un père, trop indulgent peut-être, a
confié les rênes du pouvoir, nous pouvons
aussi embraser le monde; et le Roi, en nous
suivant des yeux dans la carrière périlleuse
où nous sommes engagés, nous crie aussi
comme Phœbus à son fils :

Inter utrumque tene...... médio tutissimus ibis.

Et c'est là, messieurs, le mystère et le danger du gouvernement représentatif, où le pouvoir, toujours placé entre deux abîmes, est forcé de marcher à pas mesurés sur la ligne mathématique qui les sépare; et ce qu'il y a de malheureux, est que, s'il vient à s'en écarter, il tombe dans le précipice, d'où il ne peut sortir que par un mouvement violent, qui le rejette infailliblement dans le précipice opposé, et jamais peut-être il ne peut retrouver l'équilibre, une fois qu'il l'a perdu. C'est là l'histoire de l'Angleterre pendant dix siècles, c'est la nôtre depuis vingt-cinq ans; car, qu'on ne s'y trompe pas, la question n'est pas de savoir si la constitution de la France et celle de l'Angleterre doivent être les mêmes, mais si elles le sont. Or, malgré des différences dans les formes du gouvernement ou dans les procédés de l'administration, tous les États où le pouvoir est partagé ont une constitution semblable, et leur tempérament est le même, quoique leur régime soit différent. Ainsi, tous les hommes sont d'une même nature, quoi-qu'ils diffèrent entre eux de taille, de couleur, de traits du visage : le genre est le même, les espèces seulement sont différentes.

Et prenez garde, messieurs, que, sur les questions accessoires de celle qui nous occupe, sur le renouvellement intégral ou partiel, l'âge des députés, leur nombre même, la raison peut balancer des avantages ou des inconvénients; et il y a des motifs de décision pris dans la nature de la société, dans la nature même de l'homme, ou dans les convenances positives des assemblées; mais pour déterminer comment et de combien de membres sera composé un collége électoral, il n'y a plus de boussole, parce qu'il y a trop de directions. Chaque département offre des différences qu'il faudroit tenir en compte. Le résultat d'une assemblée entière peut tenir aux passions d'un seul homme : il faut ici se laisser aller au hasard, et nous n'avons peut-être d'autres règles à consulter que des règles d'arithmétique.

Des deux projets de loi qui vous ont été soumis, l'un est, dit-on, trop favorable au pouvoir royal; et il est essentiellement mo-

narchique, puisqu'il fait entrer dans le collége électoral, comme électeurs de droit, un
nombre considérable de fonctionnaires, même
inamovibles, nommés par le Roi; l'autre paroît trop favorable au pouvoir populaire, et
laisse au peuple trop d'influence sur le gouvernement.

S'il étoit permis, dans cette Chambre, de
s'appuyer de l'exemple de l'Angleterre, nous
pourrions faire observer que ces électeurs de
droit représenteroient en France les membres
de la chambre des communes, dont la nomination appartient à la couronne, ou même à
de grands tenanciers.

Ce n'est pas moi sans doute qui redoute
l'influence de l'autorité royale, qui, à mon
sens, n'en a jamais trop pour le bonheur des
peuples. Dans toute loi d'administration, je
me crois obligé, comme député; comme je me
serois cru autrefois obligé, comme magistrat
ou comme citoyen, de m'opposer respectueu-
sement aux volontés du pouvoir contraires
aux loix fondamentales du royaume et aux
loix éternelles de la justice; mais sur une loi

de constitution, je me déciderois toujours pour celle qui me paroîtroit la plus monarchique et la plus propre à ramener la France à des formes de gouvernement qui, comme on vous le disoit hier, sont toutes vivantes encore dans nos souvenirs et dans nos affections : seulement il faut prendre garde, en mêlant ensemble ces formes diverses, de ne pas les joindre l'une à l'autre par leurs qualités incompatibles, et, en nous donnant ainsi deux constitutions, de nous laisser un gouvernement.

On vous a parlé de l'opinion publique : il y a si long-temps qu'on en parle, et sans la connoître et la définir! Dans tout pays divisé par des partis, il y a deux peuples, il y a deux opinions, et chacun fait d'une opinion tout au plus populaire l'opinion publique. L'opinion publique, la seule qu'un gouvernement fort et sage doive prendre pour règle, est l'opinion que forment, chez un peuple chrétien, les loix éternelles de la justice, de la morale et de la vraie politique; opinion qui est toujours celle du plus grand nombre, et qui doit

tôt ou tard prévaloir sur les intérêts personnels dont se compose l'opinion populaire ; et
un gouvernement qui consulte cette opinion
ne prend ni ne cède le pouvoir au gré des
opinions ou des caprices du peuple.

Je reviens au projet de loi. On peut en faire
cent sur le même sujet, et tout aussi bons
ou tout aussi mauvais les uns que les autres.
J'essaierai aussi de proposer un autre mode
que je crois le meilleur, précisément et uni-
quement parce qu'il est le plus simple.

L'intrigue et la corruption dont elle est la
source viennent moins du nombre des électeurs que du nombre des assemblées. Il n'y
aura pas beaucoup plus d'intrigue dans une
assemblée trois fois plus nombreuse qu'une
autre, parce que les prétentions opposées se
résolvent dans l'une et dans l'autre sur un
petit nombre de sujets. Mais s'il y a trois fois
plus d'assemblées, il y aura dix fois plus d'agi-
tation et de cabales.

C'est quelque chose de beau sans doute que
le droit politique qu'exerce tout citoyen payant
cent écus de contributions, d'aller loin de chez

lui voter en faveur d'un homme de bien qui
ne sera pas nommé, et contre un intrigant
qui l'emportera; mais c'est aussi quelque chose
que le bonheur domestique, la tendresse de
ses proches, la bienveillance de ses voisins,
une réputation qui n'est point atteinte par la
calomnie; et il faut renoncer à tous ces avantages dans le système des élections, qui rompt
tous les liens de parenté, d'amitié, de bon
voisinage, enfante des haines éternelles, met
en péril toutes les réputations, et en problème
la conduite la plus honorée et la plus irrépro-
chable.

Je voudrois donc réduire le plus possible
le nombre des assemblées électorales, en conservant le droit d'élection, même directe, à
tous les citoyens à qui la Charte l'accorde.

Dans cette vue, je supprime les assemblées
de canton et d'arrondissement; et j'applique
au collège électoral de département, le seul
que je conserve, les formes de notre constitution, et j'en fais une partie perpétuelle et
l'autre amovible.

Ainsi, je prends le tableau général de tous

les contribuables payant trois cents francs et plus de contribution foncière, et j'en fais, en suivant l'ordre du tableau, des assemblées de trois cents électeurs jusqu'à cinq cents, suivant la force respective des départements. Les cent, cent cinquante ou deux cents premiers et plus forts imposés composeront la partie perpétuelle viagère inamovible, et en quelque sorte la Chambre des pairs du collége électoral. Le reste sera amovible, afin que tous les citoyens du département, portés sur le tableau, puissent à leur tour participer au droit d'élection directe.

Ainsi, un mois, plus ou moins, avant le renouvellement intégral ou partiel de la Chambre, cette partie mobile du collége électoral seroit, à la diligence du préfet, en conseil de préfecture, assisté, si l'on veut, par des maires et procureurs du Roi, renouvelée par tiers, par moitié, ou même en totalité, par un nombre égal de citoyens ayant droit d'élire pris selon l'ordre du tableau, lesquels seroient renouvelés à leur tour par d'autres jusqu'à la fin, et le tableau épuisé recommenceroit dans le même ordre. Ainsi, tous éliroient à leur tour et même directement, et cette certitude compenseroit l'avantage d'une chance d'élection plus fréquente et plus incertaine; de cette manière il n'y auroit qu'une seule assemblée, un seul degré d'élection, et la partie inamovible et la plus propriétaire contiendroit, guideroit celle qui seroit amovible et moins propriétaire. Au fond, un peuple religieux et moral fera de bons choix, même avec la forme la plus vicieuse d'élection; un peuple corrompu fera de mauvais choix, même avec les formes les mieux combinées. Ici les loix ne sont rien, et les mœurs sont tout.

Je n'admets point le clergé, au moins tant qu'il ne sera pas propriétaire : les ministres de la religion, comme la religion elle-même, ne doivent être que là où ils sont les premiers ou les derniers, et il n'y a de dignité pour eux que dans le pouvoir.... ou le malheur. Ainsi le veut la nature des choses. Les ministres de la religion mêlés à ces assemblées politiques, et sollicités en sens contraire par tous les prétendants qui se disputeroient leur

influence, y perdroient bientôt toute considération; et je ne peux m'accoutumer à l'idée
qu'un évêque présent pourroit être balotté
avec un adjoint de commune rurale, et ne pas
obtenir la préférence. C'est dans l'exercice de
leur ministère que les prêtres peuvent influer
sur le bon choix, en prémunissant les peuples
contre leurs propres passions et celles des
autres. Qu'on ne dise pas qu'il n'y aura personne dans nos assemblées politiques pour
défendre les intérêts de la religion; nous y
serons tous, car c'est à nous à la défendre,
puisque c'est pour nous qu'elle est faite. C'est
ici qu'il faut appliquer la maxime: *Mon royaume
n'est pas de ce monde*. Mais la religion n'est en
dehors du monde que pour mieux en gouverner l'esprit, et elle ne doit pas descendre
du trône pour se mêler à la foule de ceux qui
en administrent les affaires.

Je vote, conformément au projet de la commission, pour le renouvellement intégral de
la Chambre, pour le nombre des députés, et
contre son projet pour qu'ils puissent être élus
à trente ans; et pour le surplus, je demande

que tous les projets soient renvoyés à la commission, qui se concertera avec le ministère
pour présenter dans le plus bref délai un nouveau mode d'élection.

———————

OPINION

Sur le Budget de 1816.

Séance du 19 mars 1816.

MESSIEURS,

Jamais gouvernement, jamais assemblée politique n'avoient été appelés dans des circonstances plus difficiles et plus contraires à régler les finances d'un grand État, ou pour mieux dire, à statuer sur son sort.

C'est au milieu du système de destruction le plus profondément combiné, le plus opiniâtrément suivi, et consommé avec le plus déplorable succès ; c'est sous l'influence des doctrines qui l'ont préparé, et au moins en présence des hommes qui ont concouru à son exécution, qu'il nous faut reconstituer notre malheureuse patrie ; et je dis reconstituer, car la véritable charte constitutionnelle des États

est aujourd'hui leur budget; et si les loix sont
leur morale et leur règle, la finance est tout,
puisqu'elle est leur vie.

Et, à propos de budget, je remarque que, dans
tout ce qu'on a dit ou écrit depuis soixante ans
sur les finances, il a toujours été question des
besoins de l'État, jamais des besoins de la famille; toujours des moyens de soutenir l'État,
jamais de la nécessité de laisser vivre la famille.
Je le dis comme une simple observation, et
sans aucune conséquence pour le moment actuel, et pour des besoins qui sont au-dessus
de tous les calculs; mais je ne peux m'empêcher de désirer que, même dès à présent, et
comme garantie et expectative de soulagement,
lorsque les circonstances le permettront, on
fixe la proportion dans laquelle devroit être
imposée à l'avenir la propriété foncière, qui,
dans beaucoup de lieux, est taxée aujourd'hui
au quart, au tiers, quelquefois même à la
moitié de ses revenus; taxe exorbitante et qu'il
faut réduire, si l'on veut favoriser l'agriculture, laisser à la famille agricole quelque fruit
de ses travaux, et à l'homme quelque jouis-

sance des bienfaits de la nature et des avantages de la société.

Je ne reviendrai pas, messieurs, sur la partie
fiscale et technique du budget. Je désespérerois
de vous rien apprendre et même de vous intéresser après ce que vous avez entendu dans les
opinions de nos honorables collègues; et je
me bornerai à vous présenter quelques vues
politiques sur le sujet qui vous occupe.

Vous avez entendu, à propos de la loi du
23 septembre dernier, des raisonnements inat-
tendus sur l'initiative royale et le danger de
l'usurper, même en matière de finances.

On a confondu d'une manière injuste pour
la Chambre, les loix morales et politiques avec
les loix bursales.

Une loi sur les testaments, par exemple sur
la puissance paternelle, sur l'adoption, sur le
divorce, sur l'instruction publique, etc.; ces
loix si urgentes, si nécessaires, si ardemment
réclamées, sur lesquelles nous n'avons pris
l'initiative de la proposition que parce que
nous avons regardé le silence du gouvernement comme un vœu, et peut-être comme un

ordre; enfin une loi civile ou criminelle, même
d'administration ou de police, est toute entière dans les dispositions particulières qu'elle
contient. Elle ne seroit, sans ces dispositions,
que le titre d'une loi et non une loi, et l'initiative du Roi s'étend sur chaque article de la
loi comme sur la loi elle-même.

Mais sur le fait de l'impôt, la *quotité* est
tout; ce fait est la loi entière, et il est le seul
objet de l'initiative royale.

Ainsi, quand le Roi a fixé la somme que les
besoins de l'État lui paroissent exiger, il a
exercé toute sa prérogative, parce qu'il est juge
naturel des besoins de l'État. L'assiette et le
mode de répartition appartiennent à la Chambre, juge compétent aussi des ressources des
provinces et des facultés des familles. Il est
vrai que le budget général contient des détails
de recettes et de dépenses, et qu'il présente les
budgets particuliers des divers ministères. Ce
sont des indications, des directions, des secours pour la délibération des Chambres; mais
ce ne sont ni des loix, ni des articles de loi, et
ils ne peuvent être l'objet de l'initiative du Roi.

Aussi l'assiette et la répartition de l'impôt ont toujours été le droit le plus ancien, et le moins contesté de la nation dans ses antiques assemblées, et encore de nos jours, lorsque le Roi demandoit, sous la forme de don gratuit ou sous tout autre, une subvention extraordinaire aux pays d'États ou au clergé, il laissoit à leurs assemblées le choix des moyens de l'asseoir et de la répartir.

Si cela est vrai du budget *positif* ou de l'impôt à percevoir, cela est vrai encore du budget *négatif* ou de la dette à payer. Le Roi la fait liquider et arrêter par des commissions de liquidation et par sa cour des comptes, il en dénonce aux Chambres le montant total, et elles ont le droit, toujours sous la condition de la sanction royale, de choisir entre les différents moyens de l'acquitter.

Et qu'on ne dise pas que ce qu'une Chambre a réglé à cet égard ne peut être révoqué par une autre; car le budget est une loi annuelle, purement annuelle, qui ne dispose et même n'oblige pour l'année suivante, qu'autant que les Chambres, en votant le nouveau budget,

persistent dans le même mode d'assiette et de
répartition de l'impôt et de payement de la
dette; et, certes, les besoins de l'État étant
perpétuels, si les moyens d'y pourvoir n'étoient
pas variables, il n'y auroit aucune voie ouverte à revenir contre une mesure dont l'expérience auroit fait connoître l'insuffisance ou
le danger.

Qu'on dise encore moins que les finances de
l'État seroient exposées à une mobilité conti-
nuelle: car la matière de l'impôt est bornée;
et l'on ne peut choisir qu'entre les fonds de
terre ou les consommations, entre l'agriculture et le commerce, entre des impôts directs
et des impôts indirects. La manière d'acquitter
la dette laisse encore au choix des moyens
moins de latitude, puisqu'on ne peut choisir
qu'entre le payement du capital ou le payement
de l'intérêt; et, d'ailleurs, c'est nous, propriétaires ou consommateurs, qui payons l'impôt,
et nous sommes aussi intéressés à la stabilité
du mode d'impôt direct ou indirect, qu'à la
stabilité du mode de culture de nos terres, ou
d'habitudes de nos jouissances, et toute sup-

position contraire seroit absurde ou perfide.

Et qu'on prenne garde que je n'étends pas le droit de consentir l'impôt, quoique textuellement exprimé dans la Charte, jusqu'au droit de le refuser. Une assemblée politique n'a pas plus le droit de refuser l'impôt jugé nécessaire par le Roi, qu'un homme n'a le droit de se détruire lui-même de ses propres mains. Jamais assemblée politique n'a refusé l'impôt sans commencer une révolution. Le refus de l'impôt fut l'occasion et le signal de la révolution d'Angleterre et même de la nôtre, lorsque l'assemblée constituante, pour constater sa toute-puissance sur les subsides, les abolit tous pour les recréer aussitôt.

Ainsi, octroi de l'impôt, acquittement de la dette publique, voilà le devoir de la Chambre, qui ne peut éprouver d'obstacle que celui d'une force majeure ou d'une nécessité démontrée; choix des moyens d'acquitter l'impôt et de payer la dette, voilà ses fonctions.

Je crois, messieurs, avoir rempli toute justice, comme sujet et comme citoyen, dans cette distribution de pouvoirs et de fonctions relati-

vement à l'impôt : j'ai attribué au Roi ce qui
lui appartient, la connoissance de la quotité
nécessaire d'impôt et de la quotité obligée de
la dette, et, par conséquent, le droit de les
faire connoître à la Chambre, et de prendre
l'initiative de la demande. J'ai attribué aux
Chambres ce qu'on ne peut leur refuser, la
connoissance des moyens les plus efficaces,
les plus prompts et les moins onéreux d'asseoir l'impôt et d'acquitter la dette, et, par
conséquent, le devoir de les faire connoître
au Roi, et de prendre à cet égard l'initiative,
quand il y a lieu à changer le mode accoutumé
d'assiette ou de perception ; je suis même allé
plus loin que les partisans les plus modérés du
gouvernement représentatif, puisqu'en recon-
noissant dans le Roi le droit de demander l'impôt annuel, je n'ai pas laissé à la Chambre la
faculté de le refuser.

A présent, messieurs, pensez-vous que nous
soyons liés envers le Roi ou envers les créanciers de l'État, par la loi du 23 septembre, qui
affecte au payement de l'arriéré les biens de la
religion et des communes ? Envers le Roi ? Non

assurément; car pourvu que nous payions la
dette connue et déclarée par le Roi, la parole
du Roi est dégagée, et ce n'est pas la première
fois que les députés de la nation ont dégagé le
Roi, engagé comme chef de l'État, de promesses
arrachées par la nécessité. Sommes-nous liés
envers les créanciers? Encore moins; car les
créanciers ne pourroient prétendre que les
forêts et les biens des communes sont légalement affectés au payement de leurs créances,
qu'autant qu'ils en seroient précédemment
convenus avec le gouvernement qui a traité
avec eux, et qu'ils auroient postérieurement
livré, sur cette assurance, leurs fournitures
ou leurs services. On vous l'a dit, messieurs,
la mesure de payer les créanciers en forêts ou
biens des communes, est un arrangement intérieur et en quelque sorte domestique, auquel les créanciers n'ont pas été appelés, et
qui n'a été accordé aux créanciers, par le gouvernement, que sous la condition tacite que
les bons royaux qui leur avoient été donnés
en payement et pour être employés à l'acquisition de ces biens, ne perdroient rien entre

leurs mains; car ce sont les créanciers, par
leur précipitation, leur défiance ou leurs
craintes, qui les font baisser, et non le gouvernement, qui donne à ce signe, comme aux
autres, toute la confiance dont l'autorité peut
disposer.

Mais après tout, messieurs, sur quoi dis-
putons-nous? Les biens des communes et de
la religion sont-ils au Roi, sont-ils à nous,
pour en disposer si généreusement? Car nous
n'oublions pas, sans doute, que le Roi n'est
pas propriétaire de tous les domaines, puisqu'il n'est pas même propriétaire des siens
propres, mais tuteur de tous les intérêts; que
la nation est le pupille, et nous, sous toutes
les formes de notre existence politique, états-
généraux, parlement, assemblées législatives,
nous, légitimement élus, nous sommes (je
n'ai garde de presser cette comparaison) le
conseil de famille qui doit concourir avec le
tuteur, et même, quand il s'agit d'argent,
l'autoriser, par notre consentement, à régler
de telle ou telle manière les affaires du pupille, à qui son éternelle minorité ne permet

pas de nous autoriser nous-mêmes à rien faire à son préjudice.

Je conçois donc qu'on ait vendu les biens des émigrés. La terrible maxime *væ victis*, première loi du droit public des païens, « qui » enlevoit aux vaincus, dit Montesquieu, » biens, femmes, enfants, temples et sépul- » tures même »; cet odieux abus de la force que la religion chrétienne avoit banni du mo- derne droit des gens, y devoit être replacé par la révolution.

Je conçois la vente des biens de la religion, dans un temps où de détestables maximes la présentoient à des esprits fascinés comme une œuvre de mensonge et un instrument d'op- pression.

Je conçois la vente des biens de la royauté: soit qu'on la voulût dépendante ou qu'on n'en voulût plus du tout, il étoit conséquent de la réduire à recevoir de la nation un salaire qu'on pût suspendre à volonté ou supprimer tout-à-fait.

Mais les communes, quel crime pouvoit- on leur imputer ou quel reproche avoit-on à

leur faire? Les communes n'avoient pas émi-
gré, et, sans doute, on ne pensoit pas à les
détruire. Ces petits États domestiques, éléments de l'État public, celtiques avant d'être
gaulois, gaulois avant d'être romains, romains
avant d'être francs, et qui conservent encore
dans leurs noms des vestiges de leur antique
origine ou de leurs changements successifs de
domination; les communes avoient préexisté
à la monarchie; elles avoient existé sans l'État,
et l'État n'avoit pu exister sans elles. Depuis
l'origine de l'État, elles avoient acquitté leur
contingent en hommes pour la guerre ou le
service public, et leur contingent en argent
pour l'impôt, et acheté ainsi, au prix du sang
et des sueurs de leurs enfants, le droit d'être
protégées par la puissance publique. Aussi,
elles avoient reçu de nos rois le bienfait de
l'affranchissement, et c'est l'usurpateur qui les
a replongées dans la servitude, en les dépouillant de la propriété commune, qui constitue
proprement la communauté, et sans laquelle
il n'y a de commun, entre les habitants d'un
même lieu, que ce qui est commun à tous les

habitants du globe, l'air qu'ils respirent. Le
pouvoir en France, dans aucun temps et sous
aucune forme de gouvernement, n'a pas plus
le droit de disposer des biens des communes,
que la commune de disposer des biens des particuliers, que la province de vendre une commune, ou l'État une province. Et sans contester la mission de la dernière Chambre des
députés, on peut assurer qu'elle n'avoit pas,
qu'elle ne pouvoit pas avoir reçu des communes l'autorisation d'aliéner leurs propriétés.
Et d'ailleurs, s'il faut le dire, il seroit difficile
de trouver dans la Charte, donnée le 25 juin
1814, l'autorisation nécessaire pour vendre,
le 23 septembre suivant, des propriétés, même
nationales, d'une si tardive origine, qu'elle
déclare inviolables dans l'article 9, et inviolables sans doute dans les mains de ceux qui
les possédoient lorsque la Charte a été donnée ;
car les communes, comme les émigrés, ne sont
dépouillés que par la vente effective et con-
sommée, et non par le décret ; et à cet égard,
la Charte confirme ce qui est fait, et non ce
qui est à faire.

En vain on vous dit qu'on inscrira au grand-
livre les communes et le culte pour un revenu
en rente, égal à celui de leurs biens vendus.
Ce seroit joindre la dérision à l'injustice. Les
communes et la religion possédoient leurs propriétés depuis six, huit et dix siècles; n'y au-
roit-il pas plus que de la simplicité à croire
que, dans huit ou dix siècles, elles auront encore des rentes sur le grand-livre? Elles avoient,
dit-on, des propriétés sujettes à dépérir, d'un
entretien onéreux, ou d'une gestion ruineuse;
je le sais : il falloit alors, après avoir constaté
la convenance ou la nécessité, leur permettre
de les vendre pour les remplacer par des propriétés plus utiles et moins casuelles.

Rappelez-vous, messieurs, la consternation
universelle que répandit dans la capitale et
dans le royaume la proposition de loi du
20 mars 1813 (le jour est remarquable), qui
dépouilloit les communes de leurs propriétés.
Le scandale parut nouveau, même après tant
de scandales. Nous fûmes nous-mêmes témoins
de la profonde douleur, ou plutôt de la honte
des députés au Corps législatif, dont la plupart

avouoient qu'ils n'oseroient plus retourner
dans leurs provinces, s'ils avoient la foiblesse
de consentir à cette monstrueuse iniquité,
Vous savez les ressorts qu'on fit jouer. Les
suppôts de la tyrannie y employèrent tout leur
art : les promesses et les menaces furent mises
en usage. Le tyran lui-même craignit un moment de ne pas réussir, et, pour la première
fois, il compta, en frémissant de rage, soixante-
quinze opposants qui faisoient ce jour-là la
majorité des députés vraiment françois, et
dont plusieurs affectèrent de montrer la boule
noire qu'ils jetoient dans l'urne en présence
des conseillers d'État. Et c'est après le retour de l'autorité légitime, sous le règne de
Louis XVIII, et en présence de cette race bien-
faisante dont les ancêtres ont affranchi les communes, que l'on vous propose de les dépouiller! Messieurs, M. le Ministre des finances se
regarde avec raison comme un *défenseur offi-
cieux* que la loi constitue aux créanciers; il
fait son métier, qu'il me permette cette expression familière; à sa place nous en ferions
autant, et lui, à la nôtre, feroit ce que nous

faisons. J'en crois la justesse de son esprit et
la probité de ses sentiments ; mais qu'il me soit
permis de lui dire, moins ce que je crois que
ce que je sais. Dans le drame qui se joue depuis
long-temps, les acteurs ne sont pas tous sur
l'avant-scène. Les ministres du Roi veulent
franchement et sincèrement une opération
qu'ils jugent utile, je le crois ; mais des génies
malfaisants qui se dérobent à leurs yeux comme
aux nôtres, répandus dans l'atmosphère politique de toute l'Europe, profonds dans l'art
du mensonge et de l'intrigue, inspirent ce
qu'ils ne peuvent pas ou ne peuvent plus
commander ; ils veulent aussi la vente des propriétés publiques, non assurément dans l'intérêt des créanciers dont ils se soucient très-
peu, mais contre la religion dont ils redoutent
le rétablissement, et contre nous-mêmes, pour
nous déprécier aux yeux de la nation, et nous
ôter l'estime des gens de bien, seul refuge qui
nous reste contre la haine des méchants ; ils
veulent nous faire boire à la coupe empoi-
sonnée, et rendre, en un mot, la restauration
complice de la révolution. Hélas ! nous n'avons

que trop cédé peut-être à cette maligne influence, lorsque nous avons rejeté, contre le
vœu unanime de la nation, les indemnités
qu'une justice rigoureuse nous prescrivoit
d'exiger sur les biens de ceux qui ont, au mépris de leurs derniers serments, accumulé sur
leur patrie des maux tels, que depuis les invasions des Huns et des Vandales, aucune société n'en a éprouvé de semblables. On a moins
redouté l'usage qu'une haine désespérée pouvoit en faire contre nous, que le danger, disoit-
on, le malheur irréparable de rentrer dans le
système de confiscation aboli par la Charte.
Mais nous dirons, à l'honneur au moins de
notre esprit, que nous ne nous sommes pas
mépris sur le véritable motif de tant d'humanité. Ceux qui avoient, non pas rédigé, mais
secrètement inspiré l'abolition de la confiscation, pratiquée chez les peuples les plus sages,
gorgés eux-mêmes de confiscations, craignoient
qu'on ne tournât un jour contre eux une loi
dont ils avoient si amplement profité; et les
hommes du 20 mars, à la veille de se rembar-
quer sur la mer orageuse de la révolution,

vouloient, en cas de malheur, sauver au moins leurs biens du naufrage, et l'événement a pleinement justifié la sagesse de leurs combinaisons.

Nous ne vendrons donc pas les biens des communes et de la religion : qu'on cesse de s'en flatter; nous ne vendrons pas des biens que nous n'achèterions pas; nous ne donnerons pas des propriétés que nous ne voudrions pas accepter. Nous ne réduirons pas l'État à la condition d'un prolétaire qui, n'ayant ni feu ni lieu, ne vit que de l'argent qu'il gagne ou de l'argent qu'il prend. Nous ne vendrons pas les propriétés des communes, parce que l'usurpateur les a vendues. Nous ne vendrons pas les forêts du clergé, puisque l'usurpateur les a respectées, qu'il se vantoit même de les avoir agrandies, et qu'il auroit doté la religion s'il avoit pu cesser de la craindre. Nous ne vendrons pas ces forêts, première richesse mobiliaire d'une nation agricole, parce que le feu et le bois sont les premiers besoins de l'homme civilisé; nous conserverons ces bois, devenus si rares, que l'acajou d'Amérique sera bientôt en France plus commun que le chêne des Gaules. Les anciens avoient consacré les forêts au culte religieux, comme ils avoient consacré les pierres qui bornoient leurs héritages, et dont ils avoient fait des dieux pour arrêter les entreprises des hommes. Les modernes, élevés à une autre école, avoient confié les forêts à la garde de la religion, de la royauté et des premières familles de l'État, c'est-à-dire, qu'ils les avoient mises sous la protection des corps ou des particuliers qui étoient plus en état de les défendre, et qui, attachant à leur possession moins des idées de profit que des idées d'agrément ou même de luxe, étoient les moins tentés de s'en dépouiller.

On nous oppose des engagements, nous opposons des devoirs ; et la politique ne permet pas plus que la morale de confondre les engagements et les devoirs.

Au reste, la Chambre ne doit, ne peut même voter l'acquittement de la dette que lorsqu'elle est tout-à-fait connue, et il s'en faut de quelques cent millions qu'elle le soit. La proposition de notre honorable collègue,

M. Ganilh, d'atermoyer la dette publique,
est, pour cette raison, la seule mesure légale
et constitutionnelle, et surtout la seule mesure politique; car pour ceux qui, comme
moi, pensent que si cette énorme masse d'impôts peut être acquittée cette année, elle ne
pourra plus l'être les années suivantes, il est
évident que vous mettez au hasard ou plutôt
en péril la tranquillité de l'État, la sûreté du
trône, la nation tout entière, pour les intérêts de quelques particuliers dont les créances
remontent à 1801 et embrassent par conséquent le long période de nos malheurs et de
nos fautes.

Si cependant on préfère, avec la commission, et même avec les autorités en finance les
plus nombreuses et les plus respectables, de
consolider l'arriéré, nous consoliderons la
dette, ce qui vaut mieux que de consolider la
révolution. Et que les créanciers ne se plaignent
pas : nous les payons avec les seuls biens que
nous avons, et nous n'avons pas les biens des
communes et de la religion. Nous les payons,
eux créanciers récents de Bonaparte et de l'usur-

pation, bien mieux que ne l'ont été les créanciers les plus anciens, les plus respectables et
les plus malheureux, les créanciers de Louis XV,
de Louis XVI et de la monarchie : nous les
payons mieux qu'ils ne l'auroient été par Bonaparte lui-même, qui, dans la grammaire
fiscale qu'il s'étoit faite, mettoit toujours le
présent au passé, et le passé au futur, même
conditionnel, et ne payoit une dette évanouie
qu'avec des valeurs décréditées. Nous les
payons aussi intégralement qu'il nous est possible de le faire, actuellement quant aux revenus, éventuellement quant au capital, que
l'action soutenue d'un gouvernement légitime,
les opérations de la caisse d'amortissement et
le retour de la tranquillité tendent continuellement à élever au pair. Nous les payons en
leur offrant pour gage une masse d'impôts cinq
fois plus forte que leurs créances, la probité
du Roi et la volonté constante de la nation de
mettre la rente au premier rang de toutes ses
dépenses : nous ne pouvons pas faire davantage. Depuis le 20 mars il est survenu d'autres
créances, et surtout d'autres créanciers, que

nous voulons payer avec la paix et la bonne
foi : et si la sûreté de leur payement se trouvoit
jamais compromise, ces mêmes biens, que
nous réservons, pourroient être le gage d'un
emprunt ou de tout autre opération de finance, et ils serviroient à racheter l'État comme
ils ont servi quelquefois à racheter nos rois : et
ceux qui, pour obtenir des garanties dont ils
n'ont pas besoin, poussent aujourd'hui à la
vente de ces propriétés précieuses, seroient
peut-être trop heureux alors que ces biens
eussent été conservés, comme dernière ressource de nos finances épuisées.

« La force des choses », dit aux créanciers de
l'arriéré l'auteur d'un écrit remarquable sur
le sujet qui nous occupe ; « la force des choses
» exige que vous laissiez passer avant vous les
» puissances armées auxquelles sont dévolus
» par priorité tous les gages que l'État peut
» fournir. Elle exige de plus que vous nous
» aidiez vous-mêmes à vous désintéresser en
» acceptant votre payement sous des formes qui
» opèrent à la fois notre soulagement et votre
» sécurité. Autrement la lutte que vous enga-

» geriez, soit avec les potentats de l'Europe pour
» leur disputer les trésors de la France ; soit
» avec nous pour forcer la mesure des impôts,
» ne seroit qu'une spéculation vaine et mal-
» heureuse dont vous pouvez, dès à présent,
» prévoir l'issue ».

Les créanciers se plaignent de n'être pas
intégralement payés. Mais qui est-ce qui est aujourd'hui intégralement payé de ses revenus?
Et il y a cette différence entre eux et les propriétaires fonciers, que leur rente ne diminue
pas, et que la baisse même du capital peut
n'être qu'accidentelle ; au lieu que la baisse du
revenu des propriétaires en opère aussitôt une
réelle sur la valeur capitale de leurs fonds, qui,
dans beaucoup de lieux, perdent autant que le
capital de la rente, c'est-à-dire 40 pour cent,
et ont bien moins de chances de hausse, et
surtout des chances plus éloignées.

Aussi, messieurs, on ne défend pas tant la
loi du 23 septembre dans l'intérêt des créanciers, que dans l'intérêt du crédit public. C'est
sous ce dernier point de vue que je vais l'examiner, en observant toutefois, ce qui ne vous a

pas échappé, que les orateurs du gouvernement ont affirmé que l'exécution de la loi
du 23 septembre étoit possible, et qu'elle suf-
fisoit à acquitter la totalité de la dette, et même
au-delà, et que nos orateurs ont prouvé qu'elle
étoit inexécutable et insuffisante.

J'ai eu l'honneur de vous le dire, messieurs,
et vous n'y avez peut-être pas fait assez d'attention : ceux qui rejettent le plus loin toute
comparaison entre notre constitution politique et celle de l'Angleterre, sont les premiers
à nous proposer son régime fiscal comme le
vrai modèle de celui que nous devons adopter,
et ils oublient que deux peuples ne peuvent
avoir le même système financier, lorsqu'ils
n'ont pas le même système politique.

Examinons donc ce qu'on appelle en Angleterre le crédit public, et voyons si le même
système peut s'appliquer à la France.

Dans la société, tout tend à la stabilité. La
famille aspire à devenir propriétaire, c'est-à-
dire à s'établir sur le sol commun ; car il n'y a
d'établissement que la propriété foncière ; et,
par conséquent, on peut dire que l'homme et

l'argent cherchent la terre, comme si l'argent tendoit à rentrer aux lieux d'où il est sorti, et l'homme à la terre où il doit se rendre.

Ainsi la propriété foncière est la fin : l'argent n'est que le moyen ; et le commerce, les arts et l'industrie ne sont, relativement à l'État, que des moyens d'acquérir de l'argent, et non la fin de l'argent lui-même.

Lorsque l'argent ne peut suivre sa destination naturelle, qui est l'acquisition des fonds de terre ou celle de nouveaux capitaux par le commerce et l'industrie, il est renfermé, ou il est placé en rente en attendant un meilleur emploi.

Ainsi, lorsque, dans un pays, la masse des capitaux disponibles se balance avec la masse des propriétés en *circulation*, il y a du mouvement dans les affaires; mais il n'y a pas d'excédant de capitaux, qui est la matière du crédit public. Si la masse des fonds de terre en circulation excède la masse des capitaux disponibles, il n'y a ni mouvement ni crédit; mais si la quantité d'argent excède les fonds de terre à vendre (et tout est à vendre, tant qu'il n'y a pas de loi positive qui le prohibe), il y a mouvement dans les affaires, crédit dans l'État, et d'autant plus de mouvement et de crédit, que l'excédant des capitaux est plus considérable. C'est dans cette dernière espèce que se trouve l'Angleterre.

Ainsi le crédit, en Angleterre et partout, est en raison composée de l'abondance des capitaux et de l'insuffisance relative du territoire.

L'Angleterre, condamnée par sa position à faire le commerce du monde entier, voit ses capitaux s'accroître tous les ans par le commerce, l'industrie manufacturière ou agricole, et même par ses combinaisons politiques, qui ont pour dernier résultat l'extension de son commerce et le débit des produits de son industrie. Mais lorsque le commerce, l'industrie ou la politique ont absorbé la quantité de capitaux dont l'avance leur est nécessaire pour en produire de nouveaux, les capitaux excédants ne peuvent être placés que sur les fonds publics, parce que cette île resserrée pour la population qu'elle contient, et son sol culti-

vable resserré encore par l'inaliénabilité des
domaines de la couronne et du clergé ; et les
substitutions perpétuelles des immenses propriétés des grands tenanciers, ne peuvent ab-
sorber tout le capital disponible, moins encore
de petits capitaux tout-à-fait disproportionnés
avec le haut prix des terres. Cette disproportion
des capitaux aux terres tend à s'accroître dé-
mesurément, au moins tant que l'Angleterre
augmentera ou seulement conservera son commerce, parce que les capitaux s'accumulent et
que les terres ne s'étendent pas, et qu'ils s'accumulent encore dans une progression, on peut
dire géométrique, puisque leur emploi tend
constamment à diminuer. Il diminue pour
l'agriculture, qui emploie moins de capitaux
et donne plus de produits à mesure qu'elle est
plus perfectionnée ; il diminue pour l'industrie
manufacturière, qui opère avec des machines
qui rendent avec usure, en épargne de frais
journaliers, ce qu'elles ont une fois coûté en
avance de capitaux ; il diminue pour les combinaisons politiques, qui changent et se cal-
ment avec les événements ; il diminue même

pour le commerce, dont toutes les nations
veulent prendre leur part, et qui paroît avoir
atteint en Angleterre son plus haut point de
prospérité.

Ainsi, partout où l'on trouve ces deux conditions réunies, surabondance de capitaux,
insuffisance relative de territoire, on trouve
aussi forcément et indépendamment de la volonté des hommes un crédit national, qui appelle plus qu'on ne pense le crédit étranger,
je veux dire l'argent des autres pays.

Ainsi, quand l'Angleterre ne payeroit pas avec
exactitude, ce qui est impossible avec des capitaux surabondants ; quand, ce qui est moins
possible encore, elle cesseroit ses payements,
elle auroit le lendemain le même crédit, un
crédit plus grand peut-être, et tous les capitaux surabondants qu'il faut consommer ou
placer à intérêt, s'écouleroient par la seule
porte qui leur seroit ouverte, lorsque toutes
les autres sont obstruées.

Ici la preuve est récente, est complète, et
l'on a vu, à la banque d'Angleterre, le change,
à bureau ouvert, des billets contre l'argent

qu'on avoit toujours regardé comme le fondement et la condition nécessaire du crédit public, suspendu indéfiniment au milieu de
la guerre, sans que le crédit public ait été
ébranlé.

Et remarquez, comme un corollaire évident
de ce principe, que Venise et Gênes où se trouvent, dans une autre proportion, ces deux
conditions, insuffisance relative de territoire
et abondance de capitaux produits par le commerce et l'économie particuliers à la nation
italienne, Venise et Gênes ont eu les établissements de finances les plus florissants (1). Remarquez qu'à Paris, qui se trouve à l'égard
du reste de la France à peu près dans la position où l'Angleterre est à l'égard des États du
continent, à Paris, et seulement à Paris, il y a
un crédit public ou quelque chose qui y res-
semble, parce qu'à Paris se trouvent à la fois,

---

(1) La Hollande et même Genève, également riches de
capitaux et pauvres de territoire, auroient eu un grand
crédit, si elles en avoient eu besoin, et qu'elles n'eussent
pas préféré de placer leurs fonds dans le crédit étranger.

surabondance de capitaux et insuffisance, ou
plutôt nullité du sol cultivable pour la grande
population qu'il contient,

Aussi, messieurs, c'est depuis que la capitale, rendez-vous de tous les oisifs comme de
tous les gens occupés, centre de toutes les intrigues comme de toutes les affaires, a pris de
grands accroissements; c'est depuis que toutes
les existences de province sont venues s'y fondre; c'est depuis que les doctrines licencieuses
sur l'argent et les jouissances qu'il procure y
ont multiplié les capitaux par la vente des
biens situés dans les départements, qu'il a été
question du crédit public, et que le modeste
crédit de l'hôtel-de-ville de Paris est devenu le
crédit public de l'État.

La force et l'injustice ont fait une apparence
de crédit public, en grossissant la dette nationale des nombreuses confiscations des charges
de judicature et de finance, et des créances
liquidées des émigrés sur les corps et les particuliers; et de là s'est formé ce grand-livre qui
n'est plus depuis long-temps qu'une grande
table de jeu. Mais de crédit public, de con-

fiance, de placement volontaire, il n'y en a jamais que de Paris ou de l'étranger; et tandis qu'à Paris on voyoit des pères de famille vendre leurs fonds de terre pour en placer le produit même en viager au profit de leurs plaisirs, le chef de maison en province, qui, pour se donner seulement de l'aisance, auroit aliéné à 2 et demi ou 3 pour cent son modeste patrimoine, auroit été interdit comme un prodigue.

A présent, messieurs, trouvez-vous, trouverez-vous jamais en France ces deux éléments nécessaires du crédit public, surabondance de capitaux, insuffisance ou exiguité de territoire? L'argent n'y manque-t-il pas plutôt aux terres que les terres à l'argent? Si même elles nous manquoient en France, nous pourrions passer nos frontières, et beaucoup d'étrangers sont propriétaires en France, comme des François le sont sur le territoire étranger. Notre agriculture a-t-elle absorbé tous les capitaux qui lui sont nécessaires, et notre industrie manufacturière ou commerciale n'en a-t-elle plus besoin?

Ce qu'il y a de remarquable, est qu'en même temps que nous courons après un grand crédit public, nous faisons, depuis vingt-cinq ans, tout ce qu'il faut pour le contrarier. En effet, à mesure que les événements de la guerre ont troublé, ruiné, anéanti notre commerce, et tari la source de nos capitaux, les désordres de la révolution ont agrandi notre sol vénal par l'immense quantité de propriétés de la religion, de la royauté et de la noblesse, qui ont été rendues à la circulation, et, ce qui produit le même effet, par le surcroît de valeur que l'abolition de la dîme et des droits féodaux a donné aux terres. Ainsi, nous avons constamment parlé de crédit public sans savoir ce qui le produit et ce qui l'entretient, et même en faisant le contraire de ce qu'il faut faire pour l'alimenter, et nous voulons actuellement encore ouvrir à la fois un débouché aux capitaux dans nos emprunts, et les détourner vers les biens des communes et de la religion qui restent à vendre.

Ainsi, la France est un grand propriétaire de fonds de terre, l'Angleterre un riche com-

merçant ; et elles doivent l'une et l'autre conduire leurs affaires dans un système opposé.
Le propriétaire doit employer ses revenus devenus des capitaux, à améliorer ses terres, et
l'excédant, s'il en a, il le place à intérêt, en
attendant l'occasion de l'employer en amélio-
rations ou en acquisitions nouvelles. Le com-
merçant emploie ses capitaux à étendre son
commerce, et l'excédant, quand il est sage, il
l'emploie à acquérir des fonds.

Sans doute, l'Angleterre est propriétaire,
comme la France est commerçante ; mais je
veux dire seulement que le système agricole
domine chez nous, comme le système com-
mercial chez nos voisins ; et que, par conséquent, ici les capitaux se dirigent vers l'agriculture et l'excédant vers le commerce, et là,
au contraire, les capitaux se dirigent vers le
commerce et l'excédant vers l'agriculture ; et,
lorsque les besoins de l'agriculture et du commerce sont satisfaits, les capitaux qui ne trouvent plus d'emploi vivifient et nourrissent le
crédit public.

Ainsi, messieurs, notre crédit public, comme

établissement national, est peut-être une chimère, et nous courons après un but que la
nature même de notre société nous défend
d'atteindre.

Ainsi, nous n'aurons jamais de crédit qu'à
Paris et de Paris, ou plutôt nous n'aurons
peut-être qu'un jeu de hausse et de baisse, qui
entretient dans les fortunes, dans les esprits,
dans les espérances, une mobilité funeste, et
les gens sages préféreront, même à Paris, les 4
pour cent que donne le Mont-de-Piété, aux
chances du tiers consolidé si hasardeuses, que
nous avons vu, il y a peu d'années, un seul
individu faire monter la rente de 58 fr. à 96.

Que seroit-il arrivé en France, si les villes
et les corps n'eussent pas appelé les capitaux
dans leurs emprunts, et commencé ainsi le
laborieux édifice du crédit public? Les grands
capitaux se seroient dirigés vers l'agriculture;
les plus petits, placés à constitution de rente,
auroient retenu les familles dans une simplicité et une économie héréditaires; et, pour
une grande fortune dont un patrimoine ainsi
constitué auroit empêché l'essor, mille fortu-

nes modestes se seroient conservées. Les hommes auroient suivi leur argent ; il y auroit eu
plus de grands propriétaires dans les campagnes, moins d'oisifs dans les villes, moins de
luxe, moins de plaisirs, moins de cet esprit
qui n'est qu'un luxe et qui ruine le bons sens,
comme le luxe des dépenses dévore les fortunes ; la capitale ne fût pas devenue plus
grande que l'État, et il n'y auroit pas eu de
révolution.

C'est le système agricole que Sully avoit compris, et qu'après lui personne n'a entendu.

Et quel est après tout ce crédit public qui
ne s'établit que sur le discrédit le plus honteux des gouvernements ? Car, remarquez que
toutes les fois qu'un gouvernement veut former
un grand établissement de finance, banque
nationale, mont-de-piété, caisse d'amortissement, il est obligé, pour attirer la confiance
du public, d'avertir bien solennellement qu'il
renonce à s'immiscer dans la direction et l'administration de l'établissement, qu'il sera tout-
à-fait indépendant et étranger aux finances de
l'État, tel qu'un emprunteur sans crédit et

sans nom, qui ne peut trouver d'argent que
sur d'autres signatures que la sienne.

Si le crédit public, réduit à son expression
la plus simple, « est le moyen de faire des dé-
» penses au-dessus de ses ressources », quel est
donc l'effet du crédit sur la prospérité et la
stabilité des États? Le moyen de faire des dépenses au-dessus de ses ressources n'est que le
moyen de faire des dépenses au-dessus de ses
véritables besoins, et de se livrer à un luxe
ruineux de dépenses publiques, que de faux
systèmes croient justifier en disant qu'elles
nourrissent la classe indigente, sans faire attention qu'elles ont commencé par la faire
naître, et que cette population factice exi-
gera un jour le salaire que vous ne pourrez lui
donner.

Mais même, pour le seul objet nécessaire, la
défense de l'État et son indépendance, est-ce
avec du crédit public que la Hollande, sans
territoire, s'est défendue contre l'Espagne; la
Suisse, sans argent, contre l'Autriche et la
maison de Bourgogne; l'Espagne, sans argent,
sans crédit, sans roi, sans troupes, contre Bo-

naparte, et qu'encore actuellement, épuisée
par cette lutte héroïque, elle recouvre, sur une
population nombreuse et civilisée, un nouveau monde tout entier, avec aussi peu de
moyens relatifs qu'elle en employa jadis à le
conquérir sur des barbares? Au contraire, depuis la découverte du crédit public et la force
matérielle qu'il donne aux États, on n'a plus
trouvé chez les peuples à crédit de force morale; et la Hollande, et même la Suisse, sont
devenues foibles à mesure qu'elles sont devenues pécunieuses; et, certes, ce n'est pas avec
son crédit ou sa banque, pas même avec ses
vaisseaux, mais avec sa position, que l'Angleterre s'est préservée; et elle s'est défendue,
parce qu'elle n'a pu être attaquée. On vous dit
que plus il y a de gens intéressés à la stabilité
de l'État, plus l'État est stable; que le grand
nombre de créanciers qui partagent dans la
fortune de l'État, le défendent contre ce qui
pourroit la compromettre. C'est là de la politique de comptoir ou d'Athénée; mais la politique des hommes d'État raisonne autrement:
elle dit que l'homme s'intéresse, avant tout, à

sa stabilité personnelle; et qu'avec nos systèmes d'administration, il y aura toujours dans
nos États modernes mille fois plus de gens intéressés à les troubler qu'à les défendre. Lorsque l'État est menacé, ces grandes machines de
finances sont un embarras, si elles ne sont pas
un danger. Quand la maison est en feu, l'avare
songe à sauver son coffre-fort plutôt qu'à préserver l'édifice. A la première alarme, les capi-
talistes s'empressent de retirer leur argent, et
le mal s'accroît de leurs inquiétudes et de leurs
précautions tumultueuses; la banque sera as-
siégée par les porteurs de billets, avant même
que l'État soit attaqué par les ennemis. C'est ce
que nous avons vu en France lors de la commo-
tion qu'éprouva la banque pendant la campagne d'Austerlitz; c'est ce que nous avons vu
en Angleterre; et l'on pourroit soupçonner que
ce ministère habile, redoutant une invasion
possible, ou une insurrection probable, ferma
la banque par prudence plutôt que par nécessité, et qu'il suspendit ou cessa le change des
billets, pour ne pas tenter l'ennemi du dedans

ou du dehors, par un si grand dépôt présumé d'argent.

Le crédit public qui convient à la France, est, avant tout, la considération publique, dont elle avoit toujours joui en Europe, et qui ne s'est affoiblie que depuis qu'elle a couru après le crédit de l'argent; c'est de l'estime des gens de bien, c'est de l'affection des peuples dont le gouvernement doit être jaloux, plutôt que de la confiance des agioteurs.

Je reviens au budget: celui de la commission est fiscal, comme celui des ministres; et il ne pouvoit pas en être autrement. Quand tout est salaire dans l'État, tout est charge pour les peuples; position périlleuse, même pour les gouvernements, qui, pour décupler les contributions, n'ont besoin, à la lettre, que d'un trait de plume et d'ajouter un chiffre à des chiffres. Mais le budget de la commission est plus politique que celui des ministres, en ce qu'il arrache à la cupidité des propriétés précieuses, triste reste de notre ancienne fortune, et qu'il ne donne pas aux créanciers les plus récents et les moins favorables, un privilège de plus

contre les créanciers les plus anciens, les plus
respectables et les plus malheureux. J'ai trouvé
plus politique encore la proposition de M. Ganilh, d'atermoyer toute la dette, jusqu'à ce
qu'elle soit connue, et, pour soulager les classes
inférieures, de jeter sur les plus aisés une taxe
calculée dans la proportion des revenus. Toutes
ces mesures, celle en particulier de M. Barthe
de La Bastide, d'une taxation volontaire, pourroient être employées avec succès, et rendre
moins onéreuse au peuple des campagnes la
contribution foncière ; elles pourroient servir
encore à rembourser en argent tous ceux qui,
dans l'emprunt des 100 millions, ont été taxés
au-dessous d'une certaine somme, et qui sont
par conséquent les plus lésés, par le mode proposé de remboursement.

Un gouvernement représentatif, qui avoit
pour les François le mérite de la nouveauté,
fort de l'union intime de tous les pouvoirs, de
l'unanimité de leurs résolutions et de la confiance des peuples, auroit pu, je crois, faire
davantage. Il est telle mesure de finance toujours malheureuse, tant qu'elle n'est pas néces-

saire, qui réussit au moment d'une nécessité
démontrée. On a beaucoup parlé de crédit. Un
particulier l'obtient par la confiance qu'il inspire; un gouvernement, par la sécurité qu'il
promet. Tous se sentent forts de la force du
gouvernement, heureux de son bonheur, et
il obtient sur les fortunes le crédit qu'il prend
sur les esprits. Tel a été l'objet des vœux et des
travaux constants de la Chambre. Si la nation
lui demandoit compte de toute la faveur qu'elle
lui avoit accordée, de l'espoir que les gens de
bien avoient mis dans sa sagesse et son courage,
elle répondroit par ce qu'elle a fait, et surtout
par ce qu'elle a proposé de faire. On a quelquefois reproché à ses propositions trop de vivacité et d'empressement. On a oublié que ce qui
est réflexion chez les autres peuples, est sentiment chez les François; que le bien comme
le mal ne se fait en France que par élan, et
qu'on ne répare pas avec des *tièdes* le mal qui
s'est fait par des *enragés. La France veut son
Roi*, vous a dit un ministre à cette tribune, et
il auroit pu ajouter : elle veut sa religion, la
subsistance de ses ministres, la sainteté des

mariages, la puissance paternelle, une éducation morale et religieuse ; elle veut la justice,
et bien plus dans la récompense que dans le
châtiment. Elle veut tout ce qui est juste et bon
et que nous avons proposé. Elle le veut, parce
que si chacun veut pour soi la licence, tous
veulent l'ordre. C'est ainsi qu'il faut voir la
France et la société. La révolution, décréditée
et presque ridicule, qui n'a plus pour elle ni
les systèmes des beaux esprits, ni l'enthousiasme des sots, ni la puissance des armes, pas
même le charme de la nouveauté; la révolution,
foible comme tout ce qui est absurde et violent,
et dont tout le monde voudroit sortir, et surtout ceux qui l'ont faite, la révolution est finie,
et n'a de force que celle qu'on lui suppose,
ni d'appui que celui qu'on hésiteroit à lui retirer. Une impulsion irrésistible entraîne la
France vers un meilleur avenir, et malheur à
ceux qui, à toutes les époques, ont tenté de
retarder sa marche vers le bien ou vers le mal !
Que les institutions ne manquent pas aux hommes, et les hommes ne manqueront pas aux
institutions ; tout ce qui étoit bon, raisonna-

ble, généreux, avoit jeté en France de trop profondes racines. Mais la France aime dans son gouvernement la grandeur et la force : le despotisme de Bonaparte, qui n'a pu la subjuguer qu'en accablant le monde, l'avoit étonnée de ses mesures gigantesques, de ses prodigieux succès, et elle est restée muette de surprise et presque d'admiration devant l'insensé qui avoit reculé les bornes de l'oppression et atteint le sublime de la tyrannie !

Nous marcherons donc avec courage vers le but que la France nous indique et que nous nous sommes proposé, la destruction des doctrines révolutionnaires, le rétablissement de la religion, la sûreté du trône, le bonheur de la nation, le bon ordre dans les familles. En affermissant la race légitime de nos rois contre les principes et les hommes qui l'ont renversée, nous affermissons en même temps toutes les races légitimes des rois, branches du même tronc, qui protégent de leur ombre salutaire les diverses familles de la grande monarchie européenne, dont la religion chrétienne est l'auguste et suprême législateur. Nous acquit-

terons ainsi la dette de la reconnoissance envers nos illustres alliés, nous couronnerons
leur ouvrage, en défendant par des loix cette
royauté chérie, qu'ils ont deux fois rétablie
par leurs armes; ils applaudiront à nos efforts;
et déjà leur suffrage s'est fait entendre, et du
haut du trône de Russie, dans ces proclama-
tions qui seront une ère de la civilisation, et au
sein du parlement britannique, dans les discours mémorables de ses nobles ministres.

Je vote pour le projet de la commission, en
me réservant de proposer quelques amende-
mens dans le cours de la délibération.

OPINION

Relative à un amendement à l'article 1er de la Loi d'amnistie (1).

MESSIEURS,

On auroit pu suivre un ordre d'idées plus naturel dans les deux projets de loi qui ont été l'objet d'une discussion si intéressante. La justice est le principe, la grâce est l'exception. Les deux projets de loi, en faisant de l'amnistie le premier article, et du jugement le second, commencent par poser l'exception, et descendent ensuite au principe, au lieu d'affirmer d'abord le principe pour en venir à l'exception. Les dispositions pénales auroient donc, je le

---

(1) Cette opinion n'a pas été prononcée, parce qu'on ne doit parler sur aucun article de la loi séparément, après que la discussion a eu lieu sur l'ensemble du projet.

crois du moins, dû précéder la déclaration
d'amnistie; et il eût été plus conforme aux
principes de la législation, et même en quelque sorte plus humain, de dire aux coupables :
Je vous fais grâce du jugement, que de leur
dire : *Je vous excepte de la grâce*. Cette disposition, messieurs, auroit eu l'avantage de
séparer les fonctions judiciaires qui sont hors
de votre compétence, de l'amnistie qu'il vous
appartient de prononcer concurremment avec
les autres branches du pouvoir législatif.

Mais puisqu'on a cru devoir suivre un ordre
différent, et placer l'amnistie avant les dispositions pénales, je viens proposer un amendement à l'article premier, et vous soumettre
quelques réflexions qui m'ont paru nécessaires
pour l'appuyer. Je sollicite l'indulgence à laquelle vous m'avez accoutumé.

Mon intention n'est pas de m'opposer à
l'amnistie; mais j'ai cru qu'il étoit de la dignité de la Chambre que le gouvernement
connût le prix de ce qu'il nous demande, et
la nation, l'objet de ce que nous lui accor-
dons.

Qu'est-ce qu'une amnistie?

L'amnistie est un *déni de jugement* envers la société; je dis un déni de jugement, car la justice étant la loi la plus générale du monde moral, et le fondement même de tout ordre parmi les hommes, une société demande toujours, et nécessairement, justice des erreurs ou des crimes qui en ont altéré les principes ou troublé la paix.

Ainsi une amnistie seroit un crime, si elle n'étoit pas une nécessité. Ainsi, bien loin de douter, avec quelques sophistes, si la société a le droit de punir du dernier supplice les attentats qui mettent sa sûreté en péril, je lui refuserois, comme philosophe, le droit de les pardonner, si je ne savois, comme chrétien, que la justice divine atteint tôt ou tard tout ce que la justice humaine laisse impuni.

Et qu'on prenne garde que l'amnistie n'est pas la grâce. La grâce ne s'obtient qu'après le jugement. Un jugement a frappé le coupable d'une mort civile et judiciaire : la justice est satisfaite, et ce n'est plus que la politique qui réclame la mort naturelle du condamné. Aussi

le droit de grâce appartient à ce qu'on appelle
le pouvoir exécutif, qui, dans le cas de grâce,
n'infirme pas l'effet moral et judiciaire de
l'arrêt rendu par la justice, mais en refuse à
la politique l'exécution matérielle.

Ainsi, l'amnistie, acte d'oubli des erreurs
et des crimes que notre légèreté n'oublie que
trop tôt, l'amnistie, qui ne suspend pas seulement le jugement, mais qui empêche la justice, qui anéantit pour un peuple tout entier
l'action du pouvoir judiciaire qui prononce
le jugement, et par conséquent l'action du
pouvoir exécutif, qui institue les juges, et
assure l'exécution de leurs arrêts; l'amnistie
ne peut être prononcée que par le pouvoir
législatif, supérieur à la fois au pouvoir exécutif et au pouvoir judiciaire, ou plutôt seul
pouvoir de la société, dont les deux autres ne
sont que des fonctions; et cette dénomination
de *pouvoirs* donnée à des *fonctions* quelque
éminentes qu'elles soient, est la grande mé-
prise de la politique moderne, et le principe
de toutes ses erreurs.

L'amnistie, je le répète, est un déni de

jugement fait à la société; et la preuve en est
dans les deux projets de loi qui, rendant hommage au grand principe de l'indépendance de
la famille, se gardent bien d'imposer au particulier l'amnistie qu'ils prononcent pour le
public, et lui réservent ou plutôt lui déclarent
son droit inviolable de recours aux tribunaux,
dans l'article 6 ainsi conçu :

« Ne sont pas compris dans la présente
» amnistie les crimes et délits contre les par-
» ticuliers, etc. ».

Mais cet acte d'oubli, même lorsqu'il est
nécessaire, ne peut être utile qu'autant que le
gouvernement est assuré que cet oubli sera
réciproque, et que, s'il oublie lui-même les
crimes que l'on a commis, s'il oublie jusqu'à
l'oubli de sa première clémence, ceux à qui il
l'accorde, cet acte d'oubli, oublieront eux-
mêmes les hommes, les intrigues et les intérêts qui les ont rendus criminels; car, si
l'oubli ne devoit être que du côté du gouvernement, ce ne seroit pas une amnistie qu'il
proclameroit, mais tout au plus un armistice.

On parle d'oublier! Certes pouvons-nous
répéter, au sortir de la tyrannie de Bonaparte,
ce que Tacite, échappé au règne de Domitien,
disoit dans la vie d'Agricola :

« Nous avons été un prodigieux exemple de
» ce qu'on pouvoit souffrir. La sévère inqui-
» sition des tyrans nous avoit interdit même
» la faculté de parler et d'entendre, et nous
» aurions perdu, avec l'usage de la parole,
» jusqu'au souvenir de nos maux, s'il eût été
» en notre pouvoir d'oublier comme de nous
» taire ».

Sans doute les victimes des fureurs révolutionnaires n'ont pu oublier encore des malheurs toujours présents; mais elles ont fait
plus, elles les ont pardonnés. Que ceux qui
ont fait la révolution la pardonnent enfin à
ceux qui l'ont supportée, et que le gouvernement obtienne, s'il peut, ce pardon qui semble tous les jours s'éloigner davantage.

L'amnistie est nécessaire, je le crois; mais
qu'est-ce qui la demande? La capitale, sans
doute : l'amnistie y deviendra une mode aussitôt que nous en aurons fait une loi. L'ap-

parence des rigueurs, fatigue sa mollesse et trouble ses plaisirs ; mais sans exiger que le gouvernement prenne toujours pour règle de sa conduite ce que chacun appelle l'opinion publique, j'oserois adjurer ici les ministres du Roi de nous dire s'ils reçoivent des provinces l'assurance des mêmes vœux de pardon et d'oubli. Ce n'est pas dans les lieux où les oppresseurs et les opprimés, tous connus les uns aux autres, sont continuellement en présence, dans des lieux où les injures sont si récentes, les souvenirs si profonds, les craintes si légitimes, et où les sentiments ne sont ni dissipés par les plaisirs, ni étouffés par les affaires ; ce n'est pas là sans doute que la politique peut commander un oubli que la religion encore a tant de peine à obtenir.

L'amnistie, je le crois, est désirée par ceux qui ne veulent plus conspirer ; ceux-là ne sont pas dangereux ; qui ne veut plus conspirer n'a jamais conspiré ; il s'est cru un conspirateur, et n'a été qu'un intrigant. Elle seroit peut-être plus vivement réclamée par ceux, s'il en existe, qui voudroient conspirer encore, et

qui, *soldant ainsi leur arriéré*, fermeroient le
dernier compte pour en ouvrir un nouveau :
ceux-là regarderoient l'amnistie comme un
puissant narcotique, dont l'effet inévitable,
surtout en France, sera, si l'on n'y prend
garde, de relâcher des ressorts long-temps tendus, d'endormir la vigilance de l'administration, la surveillance de la police, même de
ralentir l'activité des tribunaux ou d'amollir
leur sévérité. Ils y verront, n'en doutez pas,
un moyen de rendre, sinon tout-à-fait illu-
soire, du moins plus difficultueuse, l'épuration
si vivement demandée et si impérieusement
nécessaire. Qu'on ne s'y trompe pas, ces hommes ne se croiront pardonnés que lorsqu'ils
se verront placés ; et s'ils désirent d'être oubliés
des tribunaux, ils craignent bien plus d'être
oubliés des ministres. Une amnistie qui seroit
suivie d'un déplacement ou d'un refus, ne
leur paroîtroit qu'une amère dérision, et déjà
plus d'un homme en place en a eu la preuve.

Mais cette amnistie, que tous paroissent attendre avec tant d'empressement, une fois
qu'elle aura été promulguée, personne ne vou-

dra l'avoir reçue. Comme elle ne s'applique à
personne, personne ne voudra se l'appliquer
à lui-même, et voudra encore moins qu'on la
lui applique; et *amnistié* sera une nouvelle injure à ajouter au dictionnaire de la police cor-
rectionnelle.

Il faut observer que, si une loi d'amnistie
étoit d'une nécessité indispensable lorsque la
justice étoit chargée de la haute police de l'État,
et qu'une magistrature indépendante de droit
et de fait auroit, malgré le Roi lui-même, poursuivi un conspirateur jusque sur les marches
du trône, elle n'est plus qu'un bienfait, on
peut dire gratuit, un acte de clémence presque
de surérogation, aujourd'hui que la police,
exclusivement chargée des destinées de l'État,
peut à son gré, et sans rendre compte de ses
motifs, ralentir ou empêcher des poursuites;
et que le pouvoir judiciaire, qu'il a été plus
aisé de faire inamovible que de rendre indépendant, n'occupe plus une assez grande place
dans l'État pour balancer le pouvoir ministé-
riel, qui toujours tend à l'indulgence, comme
les tribunaux à la sévérité.

Et cependant, que l'on n'accuse pas votre
commission de provoquer d'intempestives rigueurs. Le projet de loi présenté par les ministres, en nommant des coupables, punit
l'homme et amnistie le crime; le projet de
votre commission, en ne désignant que des ca-
tégories, punit le crime et amnistie l'homme;
l'une fixe ses regards sur le passé, l'autre sur
l'avenir. Les ministres veulent punir, la commission veut surtout prévenir; et si, dans le
premier projet, on trouve des exemples de rigueur, on trouve dans l'autre des principes de
conduite publique. Cette vérité a été démontrée jusqu'à l'évidence dans un rapport qu'il est
plus facile de contredire que de réfuter, et par
un rapporteur que sa conduite, son caractère
et ses talents mettent au-dessus de la calomnie
ou de l'injustice.

Non, votre commission n'a point provoqué
d'inutiles sévérités. Nos mœurs, j'entends celles
de la partie saine de la nation, ne permettent
pas même de justes représailles. Nous le savons
cependant; cette amnistie que nous allons prononcer ne nous seroit pas accordée par ceux

dont les haines, qui paroissoient étouffées sous
dix ans d'une oppression commune, se sont
rallumées avec tant de fureur; mais nous savons aussi que les crimes politiques sont plus
que jamais dignes d'indulgence. *Il fait nuit* en
Europe ; et tant que les gouvernements n'y
rallumeront pas la lumière prête à s'éteindre,
ils doivent être moins sévères envers des hommes dont on peut dire qu'ils ne savent ni ne
voient ce qu'ils font.

Les anciens, dans des circonstances semblables à celles où nous nous trouvons, auroient élevé des temples à la Paix, et placé ainsi
la paix publique sous la garde et le sceau de la
religion ; la France, il y a quelques siècles, auroit associé quelque chose de religieux à cette
grande et décisive mesure politique : elle auroit
partout élevé la croix du pardon, et les oppresseurs et les opprimés se seroient embrassés à
ses pieds. Elle ne le peut plus. Que pourroit
la religion pour la politique, lorsque la politique a tout fait contre la religion ?

Une amnistie n'est pas une mesure indiffé-
rente. Le moment de la publier avec fruit est

celui où les partis, disposés à se sacrifier mutuellement les souvenirs du passé, ne forment
plus que les mêmes vœux, les mêmes espérances pour l'avenir : elle est alors entre les
partis opposés comme ces matières que la chi-
mie interpose entre deux corps pour les *assi-
miler* ensemble. Qu'elle soit reçue comme une
preuve de force et un acte d'indulgence. Si l'on
oublie les plus grands crimes, qu'on punisse
les plus petits désordres. Qu'elle ne soit pas,
cette amnistie, une ratification des erreurs et
des fausses doctrines qui ont bouleversé l'Europe, ni une confirmation dans leurs emplois
des hommes qui ont attiré sur leurs concitoyens et sur leur pays de si effroyables calamités. Ministres du Roi, ce n'est pas sur votre
responsabilité que nous nous reposons du succès de cette mesure : cette responsabilité pré-
somptive, que nous aurions pu laisser à nos
voisins, n'a jamais intimidé que les ministres
vertueux, ni atteint que les ministres mala-
droits. C'est à des sentiments plus honorables,
c'est à votre probité, à votre amour pour le
Roi, à votre affection pour votre pays, à votre

fidélité à vos devoirs, que nous confions la loi d'amnistie. Suger, Sully, Richelieu, n'étoient pas *constitutionnellement* responsables, et ils ont sauvé la France.

Je vote pour l'article 1er, avec cet amendement :

« Le Roi pourra, suivant les circonstances, » différer la promulgation de la loi d'am- » nistie ».

OPINION

Sur la proposition de M. de La Chèze-Murel,
député du département du Lot, de rendre au
Clergé la tenue des régistres civils.

MESSIEURS,

J'entre sans préparation et sans préambule dans la question qui vous occupe.

La religion, car il faut en parler encore, qui dans l'homme ne voit que l'homme, et dans le monde que la société, ne considère, dans la vie de l'homme que trois événements qui lui paroissent dignes qu'elle les consacre : son entrée dans la société domestique, son entrée dans la société civile, son entrée dans la société éternelle; sa naissance, son mariage et sa mort; elle constate, en les consacrant, les trois actes de ce drame orageux qu'on appelle la vie; elle les constate pour l'homme, pour le chrétien et pour elle-même. Mais la

politique a dû les constater aussi pour elle et
pour tous les citoyens, à cause des nombreux
rapports qui lient chacun à tous dans la société. Il étoit indifférent en soi que les régistres ou écrits publics qui conservent le dépôt
et constatent la notoriété de ces actes, fussent
tenus par l'officier civil ou par le ministre de
la religion; mais ce qui n'étoit pas indifférent
à la société, étoit qu'il y eût en même temps
un acte religieux et un acte civil, et que
l'homme fût à la fois reconnu pour chrétien
et pour citoyen. Pour cela, il falloit attribuer
à un seul officier, religieux ou civil, la tenue
et la garde des registres qui constatent l'état naturel et civil des hommes, afin qu'en réunissant dans la même personne, au même moment, et dans le même acte, le religieux et
le civil, les hommes toujours disposés à se
soustraire à l'une ou à l'autre de ces autorités,
et, quand ils le peuvent, à toutes les deux, ne
pussent pas procéder à l'acte religieux sans
procéder à l'acte civil, ni à l'acte civil sans
procéder à l'acte religieux, et qu'ainsi ils ne
pussent naître, se marier ou mourir ni clan-

destinement pour l'Église, ni clandestinement
pour l'État. Mais comme il étoit impossible de
charger l'officier civil de l'acte religieux, et
facile au contraire, et sans inconvénient de
charger le prêtre (homme aussi et citoyen,
quoique ministre de la religion), de la fonction civile, les loix avoient donné à celui-ci
la préférence sur l'officier civil pour la tenue
des registres. Voilà, messieurs, ce que j'appelle
le bon sens qui a présidé à nos anciennes loix;
ou plutôt qui les a de lui-même introduites;
car ces loix, comme toutes les bonnes loix,
ont été pratiquées avant d'être écrites, et les
ordonnances n'ont fait qu'en régler le mode et
en assurer l'exécution.

Et quand je vous ai dit, messieurs, que
l'esprit et la raison de nos anciennes loix sur
la manière de constater l'état civil, étoient de
rendre inséparables et simultanés l'acte religieux et l'acte civil, vous avez dans la loi actuelle, et dans les abus qu'elle a introduits,
la preuve de ce que j'avance, et la preuve
encore de la disposition de l'homme à les séparer, et de la volonté de la société de les

réunir; car, d'un côté, un très-grand nombre
d'époux, contents de faire constater devant
l'officier civil leur mariage et la naissance de
leurs enfants, ne demandent aux ministres de
la religion ni la bénédiction nuptiale, ni quelquefois le baptême; et même ils déposeroient
peut-être le corps de leurs parents en terre,
sans déclaration devant l'officier civil, si ces
inhumations clandestines n'avoient de graves
dangers sur lesquels les loix de police n'ont
pu fermer les yeux; et ils les y déposeroient
certainement sans cérémonie religieuse, si un
soupçon d'avarice, et même, ce qui est pis
aujourd'hui, de peu de *sensibilité*, ne s'attachoit
à ces inhumations économiques. Croyez-moi,
messieurs, placez l'homme qui naît et l'homme
qui meurt sous la protection des solennités
religieuses. Telle infortunée, mère sans être
épouse, n'a conservé la vie à son enfant que
pour lui assurer le baptême; et l'assassin domestique, qui a bravé les cris de sa victime,
craindroit peut-être de trahir sa fausse douleur à la face des autels et en présence d'une
parenté assemblée pour la sépulture.

D'un autre côté, la loi n'a pas séparé l'acte civil de l'acte religieux, sans retenir quelque chose de leur union naturelle, et sans attribuer au ministère de l'officier civil quelque chose de religieux; car le municipal parodie d'une manière que je n'ose qualifier les cérémonies de la religion, puisqu'il interroge, comme elle, la volonté des futurs époux, et qu'il leur fait, comme elle, articuler leur consentement réciproque; qu'aux termes de la loi, il leur adresse, comme la religion, des conseils et des vœux; puisqu'il reçoit, comme elle, leurs serments; puisque enfin il prononce sur eux les paroles sacramentelles; qu'il bénit, ou peu s'en faut, leur union; qu'il leur dit : JE VOUS UNIS au nom de la loi, de la loi de je ne sais qui, de Robespierre peut-être ou de Marat, et qu'il leur donne par la seule vertu de ces paroles des droits sur les biens l'un de l'autre. Nous avons vu nous-mêmes cette farce sacrilége jouée dans les temples de la capitale, en face des saints autels, aux pieds des statues des plus fameux apôtres de l'impiété, couronnés de fleurs; et nous avons vu aussi le peuple des provinces reculées où s'étoient conservés le bon sens et les bonnes mœurs qui vont toujours ensemble, s'éloigner avec horreur et mépris de ces cérémonies dérisoires, et, pendant long-temps, compromettre l'état de leurs enfants et la tranquillité de leur avenir plutôt que de s'y prêter.

Enfin, messieurs, rien de plus nécessaire pour les hommes et les familles que l'état de société lie entre eux par de si nombreux rapports, que la publicité des naissances, des mariages et des morts. Dans tous les actes de ce genre qui se font par l'officier civil, il y a, si l'on veut, notoriété légale, et il n'y a pas de notoriété réelle ou de publicité. Les hôtels-de-villes sont les lieux les moins fréquentés du public, personne n'y va pour savoir qui naît ou qui meurt, et les affiches de mariages apposées aux portes des maisons communes équivalent à une clandestinité absolue.

L'église est encore le lieu où le public se trouve le plus nombreux et le plus souvent; le son des cloches annonce ce qui s'y passe, la dévotion ou la curiosité y attirent les citoyens. Aussi, malgré l'extrême désir, disons mieux,

malgré la fureur des régénérateurs de la France,
de soustraire les actes civils à toute intervention des ministres de la religion, ils ont été
forcés de leur laisser la publication des bancs,
par laquelle la loi avertit les tiers qui pourroient être intéressés à former opposition au
mariage; nous en parlerons plus bas.

Comme nous parlons de l'intérêt des tiers,
vous observerez, messieurs, comme une autre
preuve du sens profond de notre ancienne législation, qu'elle avoit jugé prudent et sage de
ne confier la rédaction des actes qui constatent
l'état civil des hommes et des familles, qu'à
ceux qui, n'étant plus en quelque sorte de la
famille, et ne pouvant en former une, n'avoient
aucun intérêt direct à leur contester cet état
ou à le troubler. Elle avoit jugé, par exemple,
qu'il pouvoit y avoir quelque danger à laisser
le soin de constater la date précise de la naissance d'un enfant posthume, à l'homme qui, en
avançant ou retardant la naissance d'un jour
seulement, pouvoit, selon son intérêt, le déclarer bâtard ou légitime; qu'il y avoit aussi
quelque inconvénient à confier le droit de con-

stater la mort à l'officier civil, qui pouvoit se
porter pour héritier dans le cas très-commun
où la mère et l'enfant étant morts le même jour
et presqu'au même instant, le prédécès de l'un
ou de l'autre apportoit de très-grands changements dans les intérêts des successibles.

L'acte de mariage paroît plus indifférent;
et cependant, on vous a parlé, messieurs, de
l'inextricable embarras qu'ont jeté dans la société ces unions monstrueuses de la jeunesse,
et presque de l'enfance, avec la caducité, faites
en horreur de la conscription, et que jamais
des prêtres n'auroient bénies, au moins sans y
être forcés. Je connois aussi plus d'une famille
où le père, maire de la commune, a inscrit sur
ses registres, et toujours pour le même motif,
un acte de mariage en bonne et due forme, et
devant témoins, de son fils avec une fille de
son âge, et à l'insu de l'un et de l'autre; et ceux-
ci n'ayant pas voulu depuis ratifier cette union
involontaire, n'ont pas osé cependant en réclamer, sous le règne de l'usurpateur, pour ne
pas envoyer aux galères leur père ou les témoins; et aujourd'hui que le père et les témoins

sont morts, ils ne pourroient peut-être plus en réclamer devant la loi.

A ces raisons décisives s'en joignent de moins importantes, de facilité et de commodité.

Malgré ce qu'on vous a dit de la rareté des ministres de la religion, on est plus assuré dans les lieux éloignés de la mairie d'avoir un prêtre pour baptiser, marier ou enterrer, que de trouver à point nommé l'officier civil, distrait par ses travaux ou ses affaires, éloigné ou absent; là surtout où, comme dans quelques départements et particulièrement dans celui que j'habite, plusieurs communes sont réunies sous une même mairie, dont le chef-lieu est souvent à de grandes distances, là où le maire, habitant un lieu isolé, se trouve sans témoins à sa portée, et fort éloigné de la maison commune.

On est plus assuré encore de trouver un ecclésiastique qui sache rédiger l'acte civil, qu'un maire qui sache écrire correctement, là surtout où la langue françoise n'est pas la langue usuelle; et je pourrois mettre sous vos yeux d'étranges exemples de ces rédactions vicieuses, ou même tout-à-fait inintelligibles.

On est plus assuré de réunir les témoins
nécessaires au moment où ces fêtes de famille
joyeuses ou funèbres rassemblent dans l'église
toute la parenté, qu'on ne peut l'être plusieurs
jours après lorsque les mêmes motifs religieux
ne font pas un devoir de cette réunion; et il
faut observer encore que la rédaction de ces
actes ajoute à peine une demi-heure au temps
nécessaire aux cérémonies religieuses, au lieu
que, lorsque la mairie est éloignée, l'homme de
la campagne, dont les travaux champêtres pas-
sent avant tout le reste, attend toujours que
quelque autre affaire l'y appelle, et s'expose
ainsi à intervertir les dates des actes les plus
nécessaires.

Ainsi, dans les villes, les ministres de la religion ont autant de facilité et d'aptitude que les
maires et adjoints à rédiger les actes de l'état
civil, et dans les campagnes, beaucoup plus.

Enfin, les registres de l'état civil, les plus
importants de tous, sont plus convenablement
placés et plus en sûreté dans une sacristie, ou
même chez le curé, qu'ils ne le sont dans les
maisons communes des villages, toujours ou-

vertes à tout venant, confondus avec tous les
papiers de l'administration, et exposés à toutes
les indiscrétions et à tous les accidents.

Et ne pensez pas, messieurs, que ces motifs
et bien d'autres que le temps ne permet pas
de développer, fussent ignorés de ceux qui,
dans l'assemblée constituante ou celles qui lui
ont succédé, ont disposé si hardiment de l'avenir de la France : ils connoissoient ces motifs;
mais avant tout, ils étoient convaincus, tant
ils étoient habiles! de la nécessité de séparer
la religion de la politique. De petits esprits,
toujours fortement frappés des petites raisons,
ne connoissoient ni la religion ni la politique;
et croyoient de bonne foi peut-être au péril
imminent de les laisser réunies, comme elles
l'avoient été si long-temps en France. Les chefs
de cette vaste conjuration, mieux instruits de
la raison et des effets de cette union, et qui
vouloient rompre le faisceau pour en détruire
plus facilement les différentes parties, s'en ex-
pliquoient plus ouvertement, et le plus habile
d'entre eux disoit hautement qu'il falloit déca-
tholiser la France pour la démonarchiser.

À la vérité, cette théocratie, contre laquelle on s'est si fort élevé, n'avoit pas empêché la France de parcourir sa longue carrière avec un accroissement, on peut dire séculaire, de gloire, de force, de prospérité et de connoissances, malgré quelques éclipses passagères, aussi inévitables dans la vie des États que dans le cours des astres. Mais on rêvoit un bonheur bien plus grand, peut-être une plus longue durée; et ces illusions ne cédèrent pas même à l'engoûment de tous ces publicistes de collège pour l'antiquité dont ils nous ramenoient les institutions les plus fausses, dont ils imitoient tout jusqu'aux proscriptions, mais dont ils se gardoient bien de rappeler l'esprit religieux qui, à Rome, dit Montesquieu, comme une ancre, avoit retenu le vaisseau dans la tempête, et malgré les absurdités de l'idolâtrie, donné quelque stabilité à des constitutions politiques très-imparfaites.

Et puisqu'on nous a entraînés sur ce terrain, je ne craindrai pas de parler de cette confusion de pouvoirs civil et religieux dont on fait depuis si long-temps un épouvantail. Le premier qui a dit : *l'Église est dans l'État, et non l'État dans l'Église*, a dit un mot vide de sens; car s'il a entendu par l'Église, ses temples, ses ministres, ses disciples et ses biens, il est évident que tout le matériel de la religion, et ce qu'on peut en regarder comme le corps, se trouve de nécessité physique dans les limites et sur le territoire de l'État, comme l'État lui-même est dans le monde, et que tous les corps existent dans un temps et un lieu déterminés. Mais si, par l'Église, il a entendu la religion, son enseignement, sa doctrine, ses sacrements, ses grâces, etc., il a proféré une grande erreur. En effet, si l'Église, au sens que je l'ai dit, est dans l'État, la société est dans la religion, puisqu'en elle, et en elle seule, se trouvent la raison suprême du pouvoir et la raison dernière du devoir ou de l'obéissance, et le texte même des loix fondamentales qui règlent l'exercice du pouvoir et le mode de l'obéissance; puisque enfin hors d'elle et sans elle on ne peut plus expliquer pourquoi l'un commande et l'autre obéit; et l'on ne voit dans le monde que l'abus de la force et le malheur de la foiblesse.

L'Église est donc dans l'État, et c'est pour cette raison que l'État la protége et même qu'il peut la protéger; mais la société est dans la religion et par la religion, et c'est pour cette raison que la religion défend la société contre les passions, et même qu'elle peut la défendre.

Si l'homme est, comme on l'a dit, *une intelligence servie par des organes*, la société n'est autre chose que la religion servie par la politique pour le bonheur même temporel de l'homme, unique but de toute politique comme de toute religion. Sans doute, la politique ne doit pas faire une loi de tout ce dont la religion fait un précepte, et réciproquement; mais l'une ne doit pas défendre ce que l'autre ordonne, et moins encore le rendre impossible. C'est donc en homme religieux qu'il faut considérer la politique, comme c'est en homme public, en homme d'État qu'il faut considérer la religion. On les a beaucoup trop séparées, et il faut désormais les réunir sans les confondre.

Je reviens à la question qui nous occupe, pour examiner les objections que l'on fait

contre la proposition de notre honorable collègue.

On oppose la croyance des non-catholiques,
et même de ceux qui ne sont pas chrétiens, je
veux dire les Juifs ; car il ne peut y avoir dans
les sociétés chrétiennes que les Juifs qui aient,
en corps de peuple, le triste privilége de n'être
pas chrétiens. Mais la loi actuelle sur la tenue
des registres de l'état civil, n'a rien changé à
la manière dont les non-catholiques et les non-
chrétiens faisoient constater leurs naissances,
leurs mariages et leurs décès. La loi qui revien-
droit à l'ancien usage les laisseroit dans le même
état. S'ils vouloient faire constater ces actes par
les ministres de leurs cultes, il seroit juste de leur
en laisser la liberté ; il faudroit même désirer
qu'ils le fissent ; et quant à l'objection que les
non-catholiques n'ont pas partout des ministres, il seroit aisé de répondre qu'ils ont partout des *anciens* qui, dans leur discipline, en
tiennent lieu et les suppléent, et qui rédige-
roient ces actes aussi-bien qu'un adjoint de
maire.

Et ici, messieurs, il faut repousser le reproche d'intolérance qu'on vous a si injustement adressé. Je ne connois, avec J.-J. Rousseau, d'intolérance nécessaire que celle de l'irréligion publique; je fais profession de regarder l'unité de religion, qu'il ne faut pas chercher hors de la religion de l'unité, comme le premier de tous les intérêts politiques; et certes, la politique le regarde bien ainsi, lorsque, pour troubler les États, elle cherche à prolonger les dissensions religieuses, terrible moyen de nuire, qui devroit être interdit entre chrétiens, comme les armes empoisonnées entre guerriers. Mais dût cette opinion passer pour un paradoxe, je ne connois qu'un moyen sûr de ramener tout le monde à l'unité de croyance, c'est que chacun soit attaché de cœur à la sienne. La foi seule étudie, cherche et choisit, et jamais les doutes ne naissent de l'indifférence. C'est là le grand mal politique qu'ont fait à la France les écrits irréligieux du dernier siècle, qui, en semant une indifférence générale pour la religion, ont arrêté les progrès d'une réunion déjà plus avancée qu'on ne croit, et substitué un honneur mondain

qui se fait une gloire de paroître conséquent
à lui-même et de rester là où il se trouve, au
devoir de s'éclairer sur la plus importante affaire de la vie et de la société.

On vous a parlé d'*appels* comme d'*abus*, de
refus de sacremens, des prétentions des papes,
même de la constitution *unigenitus*. Ce sont
des matières un peu surannées, et dont Paris
seul a conservé sur les provinces le ridicule
exclusif de parler encore. Je vois, je l'avoue,
bien d'autres abus dont on pourroit se porter
pour *appelant* et *réappelant*, et les constitutions qui se sont succédées en France depuis
1793, ont fait un peu perdre de vue la constitution *unigenitus*. Après ce que nous avons vu,
et au point où nous sommes, parler de ces
misères, je dirois presque de ces amusemens
de notre temps de bonheur, c'est ressembler
tout-à-fait à un propriétaire ruiné qui se plain-
droit encore des embarras que lui causoit l'administration de ses biens. Il peut y avoir des
abus dans l'exécution des meilleures loix,
comme il y a toujours quelque mécompte
dans la fortune la mieux ordonnée; mais je ne

cesserai de le répéter, il ne faut voir en politique ni les abus des bonnes institutions, ni
les avantages des mauvaises. Si c'est un abus
de refuser à quelqu'un la sépulture ecclésiastique, c'est un mal et un grand mal d'avoir
passé sa vie entière à scandaliser son prochain.
Si c'est un abus de refuser les derniers secours
de l'Église à celui qui les demande, c'est un
mal et un grand mal de ne pas déférer à l'autorité légitime. C'est un mal sans doute que
des querelles entre l'Église et l'État, mais c'est
un plus grand mal encore qu'une profonde
indifférence sur la religion et le sort de son
pays. Bien des gens vous disent, et peut-être
avec bonne foi, lorsqu'on propose certaines
mesures, que les temps ou les hommes ne sont
pas mûrs pour ces changements : ils voudroient
que le rétablissement de l'ordre précédât les
moyens de le rétablir, et que la guérison passât
avant le remède. Y a-t-il possibilité de faire en
France ce qu'on a fait partout ailleurs, de
rendre aux ministres des cultes la rédaction
des actes civils? Il faut la leur rendre; car pour
des difficultés et des inconvéniens, il y en a

à tout et partout; et certes, il seroit étrange
que, pour faire le bien, on se laissât arrêter
par des difficultés, lorsque, pour faire le mal,
on a surmonté en France même des impossi-
bilités. Mais rien n'est plus facile à faire que le
bien ; il n'est difficile que de le vouloir.

Nous avons allégué, nous le croyons du
moins, de grands motifs; nous aurions pu
citer de grands exemples ; et dans les pays
voisins de la France et naguère soumis à ses
loix, entre autres dans la Lombardie, le gouvernement s'est hâté de revenir aux anciens
usages, et de rendre aux ministres de la religion la rédaction des actes de l'état civil. On a
opposé beaucoup de petites raisons ; mais dans
la balance de la politique, cent petites raisons
n'en pèsent pas une bonne. Il faut garder pour
nos petits intérêts domestiques les petites raisons, les petites craintes, les petites considérations ; mais lorsqu'il s'agit de la société, qui
est ce qu'il y a de plus grand au monde, il ne
faut voir que de grands intérêts, et ne se décider que par de grands motifs.

Mais ce qui surtout est urgent, et qui ne

peut souffrir aucun retard, est de rendre la
paix aux consciences et aux familles, 1°. en re-
gardant comme valides les mariages contractés
devant l'officier civil, quand ils ont été suivis
de cohabitation; comme nuls, au contraire,
ceux qui, contractés devant l'officier civil,
n'ont point été suivis de cohabitation, et que
les deux parties ou l'une des deux refusent de
consommer; 2°. en exigeant, pour la validité
de toutes les unions, l'intervention de l'autorité
religieuse.

Et ici, messieurs, qu'il me soit permis de
le dire : on n'a pas fait une attention assez sérieuse à la raison naturelle de l'autorité de la
religion sur le lien que contractent les époux.

Dans l'union de l'homme et de la femme, il
y a trois choses à considérer : le *mariage*, union
physique des deux sexes, qui se forme par le
consentement libre et mutuel des parties; la
société, lien moral, lien des volontés que la
religion seule peut serrer par l'empire qu'elle
a sur les volontés; la *famille*, tout civil ou politique, partie intégrante du grand corps politique et civil de l'État, que l'État admet dans

son sein, et dont il doit par conséquent ap-
prouver la fondation et reconnoître l'existence.
C'est pour avoir pris l'un pour l'autre, le mariage, la société, la famille, ou les avoir considérés séparément ; c'est pour n'avoir pas distingué l'état primitif et nécessaire du mariage,
de son état subséquent et tout aussi nécessaire
dans la société civilisée, que les théologiens,
et même des publicistes, ont fait différents
systèmes sur l'essence et la nature du lien
conjugal.

Ainsi dans toute union (si ce mot peut être
employé) où il n'y auroit pas consentement
libre des parties, condition fondamentale de
toute union, et *matière* première de tout lien
religieux et civil ; il n'y auroit ni mariage, ni
société, ni famille ; et l'union des sexes sans
consentement est le viol qui est puni par les
loix.

Là où il y auroit consentement des parties
sans lien religieux ni civil, il y auroit mariage ;
mais il n'y auroit, dans un État civilisé, ni
société ni famille reconnues ; il n'y auroit
ni lien moral ni lien politique. C'est cet état

qu'on appelle concubinage, et qui est réprouvé par la nature comme par la loi.

Là où il y auroit consentement des parties et lien religieux sans lien civil, il y auroit mariage entre les sexes et société entre les époux; mais l'État ne pourroit y reconnoître une famille.

Là où il y auroit enfin consentement des parties et lien civil sans lien religieux, il y auroit mariage et famille; mais la religion n'y reconnoîtroit pas une véritable société.

Le consentement des parties est exprimé de fait par l'habitation commune, ou légalement par le contrat; le lien religieux est formé par la bénédiction du prêtre; l'autorité civile intervenoit autrefois par la seule publication des bans.

En effet, les bans sont l'acte par lequel la puissance civile se servant, pour plus de solennité, des ministres de la religion dans les jours qui lui sont consacrés, dénonce au public, c'est-à-dire, aux autres familles qui composent l'État, l'intention où sont un homme et une femme de fonder une nouvelle famille, et d'en-

trer par conséquent en partage des droits civils
avec les anciennes. L'autorité demande aux
autres citoyens si l'homme ou la femme sont
libres de s'unir, c'est-à-dire, s'ils n'ont pas déjà
contracté des engagements dans d'autres familles et avec d'autres personnes qui leur ôtent
la liberté de former de nouveaux liens ; elle les
avertit de veiller à leurs intérêts qui pourroient
être lésés par les arrangements domestiques de
cette nouvelle famille , car on sait l'intérêt
qu'ont ou peuvent avoir des tiers à former opposition à un mariage. S'il n'y a pas d'opposition,
le silence des autres citoyens est pris pour un
consentement; s'il intervient quelque opposition, ou de la part des créanciers, ou de la part
de personnes avec qui les futurs époux seroient
liés par des promesses antérieures de mariage,
ou même de la part de ceux qui auroient connoissance de quelque empêchement public ou
secret qui dût rendre le mariage nul et impossible, le lien religieux ne peut être formé avant
que l'autorité civile ait permis de passer outre
à la célébration du mariage, et qu'elle ait assuré, contre la nouvelle famille, l'honneur et

les intérêts des anciennes ; et remarquez que ,
dans cette circonstance, l'autorité civile prenoit le pas sur l'autorité religieuse, sans offenser
sa dignité ni attenter à sa discipline ; et, de son
côté, la religion reconnoissante frappoit de ses
censures les plus sévères tous ceux qui, par un
coupable silence ou des révélations mensongè-
res, auroient trompé la sagesse de l'autorité civile, et troublé méchamment, et sans motif légitime, l'établissement de la nouvelle famille.

Telle avoit été, en Europe, jusqu'au quinzième siècle, et en France, jusqu'à la fin du
dix-huitième, l'état général de la législation
sur le mariage.

Au quinzième siècle, des théologiens sans
connoissances politiques ôtèrent au mariage
le caractère de sacrement, en recommandant
toutefois l'intervention du ministre du culte,
mais seulement comme acte de piété et de dé-
férence respectueuse pour la religion. Au dix-
huitième, des politiques irréligieux, ne voulant pas même nommer la religion, de peur
d'être obligés de la reconnoître, donnèrent au
lien purement civil la force que les autres

avoient ôtée au lien religieux ; et les uns comme
les autres, en formant des mariages, et même
des familles, détruisirent la société. Si l'on
n'avoit voulu qu'établir la liberté des cultes,
on auroit pu laisser aux sectateurs des diverses
communions le soin de faire bénir leur mariage suivant leurs rits particuliers ; mais on
vouloit les détruire tous également, on vouloit
la dissolubilité du mariage ; et dans ce double
projet, il fallait bannir de ce grand acte de la
vie humaine toute intervention de la religion,
et dès-lors il devenoit indispensable de ne considérer le mariage que comme l'acquisition que
l'homme faisoit d'une femme par un contrat
pareil à celui qui règle les conditions de toute
autre acquisition. La femme étoit *à l'homme*
et non *de l'homme* ; et l'homme ne s'unissoit
pas plus à la femme qu'il épousoit, qu'à la maison qu'il habite et qu'il peut à volonté changer
contre une plus commode.

Ce fut au nom de la liberté, de l'égalité et
des droits de l'homme, que ces insensés, aujourd'hui plus dignes de compassion que de
courroux, commencèrent par introduire dans

la famille les désordres qui devoient bientôt
pénétrer dans l'État, et qu'en plaçant la cruelle
inégalité du divorce entre l'homme et la femme,
et ses effets inévitables entre les pères et les
enfants, ils condamnèrent la femme à l'esclavage, les enfants à l'abandon, et l'homme lui-
même au tourment d'une inconstance sans
terme et de passions sans frein; ce fut au nom
du bonheur futur, dont ils faisoient luire à
nos yeux la brillante chimère, qu'ils vinrent
porter le trouble dans les consciences, vio-
lenter tous les sentiments, et par ces loix des-
pectueuses pour la religion, ôter aux hommes
timorés la paix du cœur, seul refuge qui leur
reste contre le malheur des discordes publiques.

Pour mieux effacer de l'esprit et du cœur des
peuples toute idée, tout sentiment religieux, et
remplacer à leurs yeux les cérémonies augustes
du culte de leurs pères dans la célébration du
mariage, le municipal, comme nous l'avons
déjà dit, fut chargé d'en parodier les rits so-
lennels, il fit comparoître les époux, il reçut
leurs serments, il proféra sur eux les paroles

sacramentelles, et unit ainsi, au nom de la loi
de l'homme, ceux qui avoient été unis jusque-là au nom de la loi de Dieu.

Mais le plus grand mal de ces institutions
fausses, et aussi contraires à la politique
de l'État qu'à la religion de l'État, est la situation où elles ont placé un grand nombre
de familles dans lesquelles de jeunes époux,
liés par l'acte civil seulement, quelquefois
n'ont pas pu, et j'en connois des exemples,
plus souvent n'ont plus voulu recevoir la bénédiction nuptiale, et ont vécu jusqu'à présent
séparés les uns des autres; en sorte qu'il n'y
a ni mariage, puisque le refus de vivre ensemble est ou un déni, ou une rétractation
formelle du consentement nécessaire; ni société, puisqu'il n'y a pas de lien moral ou religieux; ni même de famille, mais tout au
plus un engagement à la former.

Quelquefois même une jeune personne,
élevée dans une ignorance profonde des loix
civiles et de leurs effets, mais instruite de sa religion, en se prêtant à l'acte civil n'a voulu et
n'a cru faire autre chose que sauver de la

conscription un jeune homme auquel deux
familles prenoient intérêt, et elle a dû regarder
la bénédiction nuptiale comme le moyen nécessaire, indispensable de tout engagement de
mariage.

Plus souvent encore, trahie par sa propre
foiblesse, elle s'est livrée sur l'espoir assuré
et la promesse formelle que l'acte religieux
viendroit compléter l'acte civil, consacrer ses
engagements, ou ratifier son union; et aujour-
d'hui, indignement trompée par un perfide
devenu son mari sans être son époux, femme
elle-même, et quelquefois mère sans se croire
épouse, elle vit dans un état qui blesse également son honneur et sa conscience.

Et prenez garde, messieurs, que la loi doit
à tous les citoyens une égale protection, et qu'il
y a ici une injustice évidente, une oppression réelle de la part d'un des conjoints, qui,
après avoir reçu par l'acte civil les engagements
de l'autre conjoint, refuse, sur sa demande,
de s'engager lui-même par l'acte religieux.

Car il est évident, par exemple, que la
femme qui par l'acte civil a engagé sa dot

à son futur époux, et reçu en échange l'engagement de celui-ci à apporter dans la communauté sa part de biens propres ou des produits de son industrie, n'a pas prétendu séparer sa personne de ses biens, ni que son époux se séparât aussi lui-même des siens; et si elle croit que les deux *personnes* ne peuvent être engagées l'une à l'autre que par la bénédiction nuptiale, elle est, en droit rigoureux, fondée à réclamer de son époux l'accomplissement d'un engagement dont elle a déjà livré le prix. On ne peut concevoir rien de plus malheureux que l'état d'une femme qui a livré ses biens sans avoir pu les suivre, ni de plus injuste que le refus de l'homme qui les a reçus de recevoir avec les biens le don de la personne.

La loi seroit donc injuste et barbare qui commenceroit par mettre les biens de la femme à la disposition du mari, et qui lui refuseroit l'acte par lequel seul la femme peut croire la personne du mari engagée à la sienne, et réciproquement; et c'est cependant ce qui arrive aujourd'hui dans ces unions consenties sous la promesse de les faire consacrer par la religion, et trop souvent restées sans exécution.

C'est un désordre que la loi ne sauroit tolérer plus long-temps, et qui a déjà cessé dans des États voisins de la France.

Je finirai, messieurs, par mettre sous vos yeux l'extrait d'un rapport fait à Bonaparte par son ministre de la justice, au mois d'août 1806, sur la tenue des registres civils, et vous y pourrez connoître l'opinion du gouvernement d'alors sur la nécessité de les rendre aux ministres de la religion.

« Les curés, chargés autrefois de la rédaction » et de la tenue des registres, n'étoient considérés sous ce rapport que comme officiers » purement civils, subordonnés à la surveillance des officiers royaux.

» Les choses restèrent en cet état jusqu'à la » loi du 20 septembre 1792. *Par des motifs* » *qu'il est inutile d'approfondir,* on jugea à » propos, à cette époque, d'ôter aux curés et » desservants des paroisses, la tenue des registres des naissances, mariages et sépultures, » et de les confier aux maires, administrateurs » des communes. *Cette innovation, comme tant*

» d'autres, n'a pas eu des résultats heureux.

» Dans les villes considérables, dont les ad-
» ministrateurs sont toujours des hommes qui
» ont de l'instruction, et où d'ailleurs les re-
» gistres de l'état civil sont susceptibles de
» quelque *produit*, on est parvenu à en régula-
» riser la tenue jusqu'à un certain point; mais
» dans les campagnes, qui forment la plus vaste
» partie de l'empire, celle qui renferme la
» population la plus nombreuse, ou on n'y a
» pas tenu de registres, ou ils l'ont été d'une
» manière bien imparfaite.

» Il y auroit de grands inconvénients à exé-
» cuter à la rigueur, contre les officiers de l'état
» civil, les peines prononcées par le Code pour
» les irrégularités qui se trouveroient dans leurs
» registres; on désorganiseroit infailliblement
» les municipalités, et l'on ne trouveroit plus
» de maires qui voulussent se charger d'une
» fonction périlleuse et stérile pour eux.

» Quel parti prendre dans de telles circon-
» stances ? *Un gouvernement sage, étranger à*
» *tout esprit de parti, et que les vues du bien*
» *public seules dirigent,* ne doit se décider que

» par les moyens qui remplissent d'une manière
» plus parfaite son objet. Peu lui importe que
» ce soient des prêtres ou des laïques qui exé-
» cutent ses intentions, pourvu qu'elles soient
» remplies. Il ne reste donc qu'à examiner qui,
» des curés et des desservants, ou des maires,
» est plus propre à tenir les registres de l'état
» civil d'une manière conforme aux vues que
» la loi a eues en les établissant.

» Il me semble qu'on ne peut guère ba-
» lancer à se décider en faveur des premiers.
» Ils ont pour eux d'abord l'avantage de l'*in-*
» *vention*, et la nécessité de tenir des registres
» exacts par des considérations religieuses.

» Quand des parents sont persuadés que le
» défaut de baptême pourroit compromettre
» le salut de leurs enfants, ils s'empressent
» de faire remplir cette cérémonie. Un grand
» nombre d'autres sont plus portés à faire
» revêtir leur union des cérémonies religieuses
» que des formes civiles. L'opinion religieuse
» seconde en cela la police civile : des consi-
» dérations plus éloignées n'auroient plus la
» même efficacité. La plupart des hommes ne

» s'occupent pas assez de l'avenir pour pré-
» voir le dommage qui pourra résulter, pour
» leurs enfants, du défaut d'inscription de leur
» naissance dans les registres publics; plu-
» sieurs même *pourroient se faire illusion jus-*
» *qu'à y trouver un avantage dans certains*
» *cas.*

» Je n'ignore pas que, lors même que les
» curés étoient chargés de la tenue des registres
» de l'état civil, il y en avoit plusieurs qui
» mettoient beaucoup de négligence dans cette
» partie de leurs fonctions; mais il faut con-
» venir aussi que le nombre de ces insouciants
» étoit bien moins considérable parmi eux
» que parmi ceux qui leur ont succédé. On
» peut opposer à cet égard que beaucoup de
» paroisses manquent aujourd'hui de desser-
» vants, et que, dans celles mêmes où il s'en
» trouve, leur état est si précaire, qu'ils n'y
» sont presque jamais qu'en passant, et que
» dans tous les cas, ou il n'y auroit pas de
» registres, ou ils seroient mal tenus.

» Mais les lieux où il n'y a pas de desser-
» vants sont sous l'inspection du curé de can-

» ton, qui doit veiller à ce que les actes
» religieux qui exigent l'inscription sur un
» registre, y soient exercés ; et dans ceux où
» il n'y a qu'un desservant momentané, rien
» n'empêche qu'on ne tienne un registre qui
» passe de main en main à ceux qui lui suc-
» cèdent. Au reste, ces inconvénients peuvent
» disparoître par les mesures ultérieures que le
» gouvernement prendra relativement à cette
» partie de l'ordre public.

» Je dois ajouter à toutes ces considérations
» que, dans un règlement de son éminence
» le cardinal archevêque de Lyon, il est or-
» donné que, dans toutes les paroisses, il y
» aura deux cahiers ou mémoriaux de catho-
» licité, pour y inscrire les actes de baptême,
» mariage et sépulture, dont l'un doit rester
» dans la paroisse, et être déposé annuellement
» dans les archives de l'archevêché (Journal de
» l'Empire du 10 vendémiaire an XIV, 2 oc-
» tobre 1805). Cet essai, fait dans un grand
» diocèse, indique du moins qu'on pourroit
» admettre les registres tenus par les ecclésias-
» tiques concurremment avec ceux tenus par

» les officiers de l'état civil, et qu'en les dé-
» clarant également authentiques, les uns
» pourroient suppléer à ce qui manque aux
» autres ».

OPINION

Sur les Élections.

Séance du 30 décembre 1816.

MESSIEURS,

C'est une erreur généralement répandue que l'on ne peut pas, dans ce moment, faire une bonne loi sur les élections.

Cette opinion, que la légèreté et l'irréflexion plutôt que la malveillance ont dictée à la paresse, ne peut pas soutenir l'examen, et il seroit étrange assurément que le moment où tous les États de l'Europe s'agitent pour se placer dans un système de gouvernement fondé sur des élections, fût précisément celui où il seroit impossible de faire une bonne loi sur les élections.

Et pourquoi ne pourroit-on pas faire une bonne loi sur les élections? Est-ce que cette matière n'a pas été assez longuement et assez

souvent traitée? Sont-ce les exemples qui nous
manquent? est-ce l'expérience, lorsque depuis
vingt-cinq ans, tous électeurs ou éligibles, éli-
sans ou élus, nous n'avons fait autre chose
qu'assister à des assemblées électorales ? Voulons-nous attendre qu'il n'y ait plus chez les
hommes ni passions, ni préventions, ni pré-
jugés ? Et ferions-nous comme ceux qui, ren-
voyant toutes les mesures utiles au temps où
les esprits seront plus calmes, et les choses
mieux disposées, supposent ainsi l'ordre avant
les moyens de l'établir, et veulent la guérison
avant le remède ?

Vous pouvez donc aujourd'hui, messieurs,
faire une loi, et une bonne loi, sur les élections.
Vous pouvez la faire, cette loi, parce que vous
devez la faire si vous voulez en finir d'ordonnances et d'exceptions, gouverner par des lois,
et commencer une fois l'édifice par les fondements; vous pouvez faire une loi sur les élections, parce que vous en avez tous les éléments,
et que vous n'en aurez jamais d'autres; et qu'il
ne faut, pour faire une loi sur les élections,
que des hommes et des propriétaires.

Et ne vous effrayez pas, messieurs, des inégalités qui existent en France, comme partout
ailleurs, entre la force contributive ou la population propriétaire des divers départements,
et la proportion de l'impôt aux revenus :
ne regardez pas comme un obstacle que la
même cote de contribution, qui, dans un département, suppose un état de fortune indépendant, dans un autre élève à peine le possesseur au-dessus de la condition de prolétaire; toutes ces inégalités, et mille autres
qui, tenant à la nature même, ne peuvent
être corrigées par aucune loi, n'influent en
rien sur la bonté et la régularité d'un système
d'élection. Il y a partout des propriétaires forts
et foibles. Partout la richesse est relative; mais
l'aisance et l'indépendance sont absolues. Partout, et de la même manière, la vie est arran-
gée sur l'aisance, la considération mesurée sur
l'indépendance; et tout, à cet égard, est *semblable* entre les divers départements, quoique
rien ne soit *égal.*

D'ailleurs, il n'appartient pas de se plaindre
de ces inégalités ou des difficultés que la Charte

peut présenter pour un système régulier d'é-
lection, à ceux qui ont retiré des mains des
Chambres l'ordonnance qui leur étoit acquise
sur la révision de quelques articles de la
Charte relatifs aux élections. On conçoit que
le gouvernement d'Angleterre ait la sagesse
de maintenir, contre des réclamations indis-
crètes ou factieuses, les vices de son système
électoral consacré par le temps, et la longue
expérience des effets qu'il a produits ; mais
nous, nous aurions pu certainement améliorer la partie relative aux élections d'une loi
politique toute récente, improvisée au milieu
du trouble, et qui n'a pas eu deux ans d'exécution paisible, si nous n'avions pas pris l'idolâtrie qui n'ose toucher à l'objet de son culte,
pour le respect qui le pare et l'embellit. On dit
qu'il faut ne pas changer les loix, et attendre
que l'excès du mal en amène la correction:
mais alors, à quoi nous sert le progrès des lumières dont nous sommes si fiers ; et que sont
donc et ce progrès des lumières, et cette per-
fectibilité trop vantée, mais réelle cependant, de la raison humaine, sinon la faculté

de devancer le temps, et de prévenir l'expérience ? Le sauvage, qui a placé au nord l'entrée de sa hutte, s'aperçoit qu'il est incommodé
du froid, et la tourne au midi; mais l'homme
civilisé consulte le climat et les lieux environ-
nants, avant de construire sa maison, et profite
de ses connoissances ou de ses observations
pour lui donner une exposition salubre et un
aspect agréable.

Quoi qu'il en soit, il est certain que les
Chambres auroient amélioré les articles de la
Charte relatifs aux élections, et l'on ne sauroit
assez s'étonner qu'on leur en ait interdit les
moyens; comme si la perfection en tout, et
principalement en matière de législation, n'é-
toit pas la première condition de la durée.

Je crois donc qu'on peut faire une bonne loi
sur les élections, et même qu'on doit la faire;
et cependant je crains qu'il n'y ait rien de plus
inutile, aujourd'hui, qu'une loi sur les élections. Tacite, faisant l'histoire de la première
révolution de l'empire romain, dit que « l'em-
» pire fut perdu lorsqu'on eut divulgué ce
» secret d'État, qu'on pouvoit faire un empe-

» reur ailleurs qu'à Rome (1)»; et l'on peut
dire que le gouvernement représentatif est en
péril lorsqu'on a divulgué le secret de ce gouvernement, qu'on peut faire ou exclure des
députés ailleurs que dans le collége électoral. Le
secret des influences ministérielles soupçonné
des gens habiles, mais qui doit rester impéné-
trable pour le vulgaire, une fois connu et
publié; si la doctrine qui les justifie venoit à
s'affermir et à prendre rang dans nos doctrines
politiques, la députation ne seroit plus qu'une
fiction, l'élection une comédie, et le gouvernement représentatif une représentation de
gouvernement.

Cependant, puisqu'il faut discuter, je com-
mencerai par comparer la loi qui nous régit
actuellement, avec celle qu'on nous propose.
Je finirai par soumettre mes propres idées à
l'attention de la Chambre, en évitant, autant
qu'il sera possible, de revenir sur ce qui a été
déjà dit et proposé, surtout dans les deux opi-

_____

(1) *Evulgato imperii arcano posse principem alibi quàm
Romæ fieri.*

nions, non prononcées à cette tribune, de nos
honorables collègues MM. de Cotton et de
Salis.

Sans doute on ne m'accusera pas d'une prévention aveugle pour le gouvernement représentatif. Je dois même avouer, pour éloigner
de moi jusqu'au soupçon de déguisement ou
de variation dans mes opinions politiques, que
je regarde comme bien difficile qu'une nation
puisse faire, par art et par combinaison, un
système politique qui a été chez une nation
voisine le produit lent et fortuit des événements variés qui ont rempli et souvent agité
sa vie sociale ; difficile à tel point, que si l'Angleterre venoit à éprouver une révolution, j'oserois prédire qu'elle-même ne pourroit plus
retrouver ni reprendre sa forme actuelle de
gouvernement. Mais en même temps, puisque
le Roi nous l'a donné, et que peut-être la force
des choses nous l'impose, je dirai avec la même
franchise que je le demande avec tous ses principes, que je l'accepte avec toutes ses conséquences, que je ne veux pas me trouver sans
constitution, entre deux constitutions, et qu'il

m'est impossible de concevoir un gouvernement représentatif sans représentation, ni une représentation sans une forme régulière également appliquée aux diverses parties de la nation représentée, et sans une proportion déterminée et partout semblable entre les représentants et les représentés. Il est vrai que si nous ne sommes que des *conseillers nécessaires du pouvoir*, comme le disoit, il y a quelques jours à cette tribune M. le commissaire du Roi, il suffiroit, ce semble, que nous fussions appelés par le Roi, et il ne seroit pas nécessaire que nous fussions envoyés par le peuple; mais la Charte fait de nous un pouvoir nécessaire, et non des conseillers nécessaires; et lorsqu'on invoque le texte précis et le sens rigoureux de la Charte pour une loi de conséquence comme la loi sur les élections, il nous est permis, il nous est même ordonné d'en invoquer le texte plus précis encore, et le sens encore plus évident pour le maintien de la loi-principe qui nous constitue pouvoir. Certes, je n'ai pas demandé ce que j'en exerce ici; je m'honorois d'être né sujet; et dans les chances possibles de malheur auxquelles une révolution pouvoit m'exposer, je n'avois pas compté, je l'avoue, sur une part de royauté.

J'ai avancé tout à l'heure que tout étoit *semblable* entre les divers départements, sous le rapport de la propriété, et que rien n'étoit *égal*, ou pour parler un langage moins géométrique, qu'il y avoit partout égalité relative, et nulle part égalité absolue. Il en est de même entre les hommes et dans tous les ouvrages de la nature. La loi encore en vigueur est faite sur ce principe : elle désigne pour électeurs les six cents plus imposés de chaque département, et tout département, fort ou foible, à six cents plus imposés. Dans un département, la plus forte cote de contribution sera, par exemple, 3,000 fr., et la dernière des six cents sera 150 fr.; dans un autre, la plus forte sera 6,000 fr., la dernière 400 fr. Il y a proportion d'aisance, et par conséquent d'indépendance entre ces divers contribuables; et dans tel département du royaume on est aussi aisé et aussi indépendant avec 15,000 fr. de rente; que dans tel autre avec 30,000. Il y a donc égalité de nombre entre

les électeurs de tous les départements, malgré
l'inégalité de la population respective, et proportion ou *similitude* d'indépendance, malgré
l'inégalité des richesses. Toute la loi est là, et
le problème est résolu. Avec un si grand nombre d'électeurs on peut faire partout plusieurs
degrés d'élection : on peut nommer des candidats, on peut choisir entre les électeurs ; et si
quelques-uns, empêchés par leur santé, leurs
affaires, ou leur peu d'aisance, manquent au
collége électoral, il en reste toujours assez pour
qu'il y ait assemblée et élection. D'un autre
côté, l'énonciation de *six cents plus imposés*
annonce à la nation que la députation, chez
une nation propriétaire, est un droit de la
propriété, et elle établit toute seule cette pré-
minence de la propriété foncière, qui est la
véritable noblesse domestique. Ce système d'é-
lection avoit été suivi jusqu'à nous, l'exécution
en avoit été arbitraire, mais le principe en
étoit tout-à-fait monarchique ; aussi il nous
avoit donné la Chambre des députés qui, sous
la présidence et par l'organe de notre honorable
collégue M. Lainé, porta le premier coup à la

tyrannie, et qui se montra fidèle dans les cent
jours, au milieu d'une défection trop générale ;
il nous avoit donné la dernière Chambre qui
depuis....., mais alors elle ne méritoit que des
éloges ; il nous a donné enfin cette dernière
Chambre où nous siégeons en ce moment ;
puisse-t-elle être plus heureuse ! *Melioribus
utere fatis.*

La loi qu'on vous propose, de tous ces éléments, et non pas même confondus, mais déjà
disposés dans un ordre régulier, n'a pu créer
que le chaos. En fixant une quotité invariable et égale dans tous les départements, de
3oo fr. de contribution, pour exercer les fonctions d'électeur, elle a détruit toutes les proportions, et mis partout la plus injuste, la
plus choquante, la plus ridicule inégalité ;
tout est *égal*, et c'est ce qui fait que rien n'est
semblable. Ainsi un département a seize mille
électeurs, un autre en a cent cinquante-deux :
dans l'un, il peut y avoir à la fois dans le
même lieu vingt assemblées électorales ; dans
l'autre, il ne pourra pas même y en avoir une
qui mérite ce nom. Là un député est nommé

par quatre mille électeurs; ici il peut être
nommé par trente seulement. On ne peut plus
choisir entre des électeurs, on ne peut plus
nommer des candidats, on ne peut plus avoir
deux degrés d'élection; et au lieu que la loi
actuelle, en appelant *les six cents plus imposés*, établissoit par cela seul l'aristocratie de la
richesse, ou plutôt de la propriété; celle-ci, en
ne parlant que d'*électeurs à* 300 *fr.*, établit,
si j'ose ainsi parler, l'aristocratie de la médio-
crité. Cependant il faut que tous ces électeurs
se rendent à l'assemblée; il le faut, parce qu'il
faut une loi uniforme, et qu'on seroit fort
embarrassé s'il en manquoit quelques-uns dans
les départements où il y en a si peu; mais
comme on sent que le vrai moyen de n'avoir
personne est d'appeler tout le monde, et que
l'on craint avec raison que beaucoup d'électeurs ne regardent comme une charge un
droit qu'ils n'ont ni demandé, ni même ac-
cepté, on songe déjà à faire le code pénal de
l'élection, avant même que le code civil soit
décrété, et à établir les peines avant d'avoir
réglé les devoirs. Dans la loi actuelle on n'en

avoit pas besoin ; d'abord , parce qu'il y avoit
assez d'électeurs pour que l'absence même
d'un grand nombre ne tirât pas à conséquence;
ensuite , parce que l'électeur ayant lui-même
été élu, avoit pu refuser l'honneur qu'on lui
faisoit : mais on oublie que l'on pouvoit porter des loix contre le refus ou la désertion des
fonctions publiques dans les petites républiques de la Grèce, où les citoyens libres d'impôts, affranchis d'un travail qu'ils rejetôient
sur des esclaves, n'avoient qu'à se promener
sur la place publique pour s'enquérir des nouvelles, ou s'entretenir des affaires de la cité;
mais qu'aujourd'hui nos cultivateurs, succom-
bant sous le fardeau des contributions , obligés de travailler de leurs propres mains, ne
peuvent pas être punis du refus d'aller au collège électoral dépenser la subsistance de leurs
familles et les vêtements de leurs enfants, pour
trouver peut-être à leur retour le garnisaire
établi chez eux, et leurs meubles vendus à
l'encan. Je ne parle pas de l'inconvénient de
ces caravanes d'électeurs, on vous en a assez
entretenu; elles peuvent, dans des conjonc-

tures difficiles, n'être pas sans danger; et peut-
être ne seroit-il pas facile de maintenir contre
dix à douze mille volontés réunies, la défense
si peu *libérale*, si même elle est constitutionnelle, faite dernièrement aux colléges électoraux, de voter des adresses au Roi.

Tout cela, je ne crains pas de le dire, est un
tissu d'injustices, d'inégalités, d'impossibili-
tés, qu'on essaye vainement, ou qu'on n'essaye
même pas de justifier; et on n'y répond défi-
nitivement que par ces mots : la Charte le veut;
comme on disoit dans l'autre siècle : *le maître l'a dit* (1). J'examinerai tout à l'heure si la
Charte dit réellement tout ce qu'on lui fait dire,

_____

(1) J'apprends que ce rapprochement a paru à quelques
personnes peu respectueux pour la Charte. Comme ma
raison me défend d'avoir un respect superstitieux pour
aucune autorité, quelle qu'elle soit, j'ai pu sans irrévérence appliquer *littérairement* et non *littéralement* à une
loi jugée incomplète par le législateur lui-même, treize
mois seulement après sa promulgation, et soumise, par
une ordonnance royale, dans seize de ses dispositions, à
une révision qui avoit été acceptée par les deux Chambres;
j'ai pu, dis-je, lui appliquer ce que l'Europe savante tout
entière disoit, après deux mille ans de règne paisible dans

et si les docteurs de la nouvelle loi en sont de
bien fidèles interprètes. Mais avant de discuter

les écoles, des opinions d'un des plus grands esprits qui
aient paru parmi les hommes. De deux choses l'une : ou
la Charte permet, comme je le pense, de faire une autre
loi d'élection que celle que l'on propose, et alors pourquoi
opposer la Charte comme un obstacle insurmontable? ou
elle ne le permet pas; et alors il est conséquent à ceux qui
trouvent dangereuse et anti-monarchique la loi proposée,
de regretter que la Charte n'ait pas été révisée dans les
articles relatifs aux élections. S'il est vrai, comme on ne
sauroit en douter, que la Charte, que le gouvernement
représentatif lui-même ne puissent se maintenir sans une
bonne loi d'élection, et que la Charte, comme on le soutient, n'en permette pas d'autre que celle qui est proposée,
il est permis à ceux qui trouvent mauvaise cette loi d'élection, de ne pas concevoir qu'une loi fondamentale s'oppose elle-même à sa propre stabilité, et qu'elle défende
contre la raison et la politique de toute la puissance de son
texte, les germes de dépérissement qu'elle porte dans son
sein. Sans doute à côté de l'avantage d'améliorer se trouve
le danger d'innover, je le crois; mais aussi, à côté de
l'obstination à maintenir, peut se trouver le danger de
périr : et remarquez d'ailleurs que, si la Charte ne permet
qu'un mode de loi d'élection, il n'y a pas réellement matière à délibération : la loi est faite, et on peut abandonner
tout le reste à des ordonnances d'exécution.

ce point, je dois poser les principes les plus
naturels, à ce que je crois, d'une loi d'élection, et chercher si nous ne pourrons pas en
concilier l'exécution avec le texte de la Charte.

Ceux qui ont fait la loi qui vous est soumise, fidèles à ce système d'individualité qui
a commencé la révolution, et dont encore on
n'a pu sortir, se sont perdus dans un système
idéologique de délégation, et n'ont pas aperçu
le seul élément, l'élément véritablement politique, d'une représentation nationale dans un
gouvernement qui veut être monarchique.
L'élément d'une république qui ne voit que
des individus, est la famille; l'élément d'une
monarchie qui ne voit les individus que dans
des corps, est la commune. Ainsi, la monarchie
de la famille resserre les liens trop relâchés du
gouvernement républicain, et la liberté de ces
petites républiques, qu'on appelle *communes*,
adoucit ce que le gouvernement monarchique
a de rigoureux et d'exclusif (1).

_____

(1) Quand un État monarchique tombe dans la république, c'est-à-dire en dissolution, la monarchie se réfugie

La commune, je le répète, est l'élément politique d'une nation monarchique, la véritable famille politique ; et c'est aussi avec la constitution de la commune ou son affranchissement, qu'a commencé en France la forme régulière et mieux déterminée de la constitution de l'État.

La commune, qu'on me permette cette comparaison, est, dans le système politique, ce que le *franc* est dans le système monétaire, l'unité première et génératrice, l'unité indivisible, parce qu'on ne peut la diviser sans tom-

dans la commune. La nature, pour en conserver le principe, le cache, pour ainsi dire, dans l'élément du corps social ; et l'on peut remarquer que les maires, à toutes les époques de nos troubles, ont acquis une grande autorité : c'est ce qui est arrivé particulièrement dans cette révolution. Il y a eu même une raison de plus à cet excès de pouvoir attribué au chef de la commune. La monarchie a péri non-seulement dans l'État, mais dans la famille, où elle est la sauvegarde des mœurs ; car les mœurs domestiques ne sont que la monarchie dans la famille, et c'est ce qui fait que nous avons eu à la fois une révolution de lois et une révolution de mœurs.

ber dans des fractions sans valeur, et des mon-
noies sans poids et sans titre.

Et remarquez, messieurs, que la commune
est un corps plus réel, plus solide, plus visi-
ble, que le département ou le royaume, qui
sont plutôt des corps moraux. L'homme, la
maison qu'il habite, la terre qu'il cultive,
sont de la commune avant d'être du département ou du royaume; et comme ces trois
corps, commune, département, royaume, forment le corps politique, l'État tout entier, il
est tout-à-fait naturel que, dans la manière
de composer la représentation universelle de
la nation, les mêmes corps participent, dans
le même ordre, à la députation. Ainsi, la commune députe au département, le département
députe au royaume; système d'élection ana-
logue et complet, motif profond et naturel
des deux degrés d'élection que la raison ap-
prouve, que la politique conseille, et que la
Charte permet.

Et certes, messieurs, vous ne m'accuserez
pas de favoriser des systèmes populaires aussi
éloignés de mes goûts que de mes principes;

vous verrez tout à l'heure à quoi je réduis la députation de la commune. Mais, en la réduisant à peu, je ne veux pas, avec le projet de loi, réduire la commune à rien. Habitant moi-même des campagnes, je respecte, et ce mot n'est pas trop fort, je respecte, sans m'en dissimuler les vices, cet asile des mœurs naïves, des travaux innocents, de la vie frugale, de la modération dans les désirs; ce berceau de nos cités et de nos familles, et qui rappelle quelquefois le bonheur des premiers âges à des cœurs oppressés par les désordres des derniers temps. Et moi aussi j'aime les corporations, dont la commune est la première et la plus naturelle, et la seule qui ait survécu à la destruction de toutes les autres. Et celle-là aussi se retrouvoit dans les forêts de la Germanie; il y avoit commune et corporation, puisqu'il y avoit délibération : *De minoribus rebus principes consultant, de majoribus omnes*, dit Tacite. *Ce beau système de gouvernement*, dont la commune est le fondement, *a été trouvé dans les bois*, dit Montesquieu; je partage à cet égard pleinement et l'opinion et les regrets de notre

honorable collègue M. de Serre ; je voudrois
voir dans les provinces quelques autres existences politiques, que des électeurs à cent écus ;
et si les États où le pouvoir municipal étoit
le plus développé, ont paru si foibles contre
les événements, comme l'a remarqué M. le
commissaire du Roi, qui a combattu M. de
Serre sans le réfuter, c'est que le pouvoir municipal doit être seulement appliqué à la commune ; que chez les peuples dont il parle, il
étoit appliqué à l'État, assemblage informe de
tous les modes populaires de gouvernement,
et que ces États n'étoient au fond que de
grandes municipalités. Et les plus puissantes
monarchies se sont-elles donc mieux défen-
dues ?

C'étoit donc sur le fondement invariable, iné-
branlable, d'un élément indestructible comme
tous les éléments, sur la commune, qui a précédé les gouvernements et qui leur survit, qu'il
falloit asseoir la première pierre de l'édifice
d'une représentation véritablement nationale ;
et c'étoit le seul et vrai moyen de fonder la
représentation dans la nation, et d'implanter,

si j'ose le dire, la représentation dans la constitution, et la constitution dans l'État.

Rien n'étoit plus simple que cette théorie; il falloit considérer chaque commune comme un seul propriétaire (et c'est ainsi que le gouvernement les considère toutes, puisque l'impôt foncier se paye par commune); et voir dans toutes des propriétaires sinon égaux en possessions, du moins semblables en droits et en dignité. C'étoit honorer la nation jusque dans ses plus humbles enfants, et relever aux yeux de chaque citoyen l'importance de la corporation à laquelle il appartient, que d'établir entre toutes les communes une égalité politique, comme il y a entre tous les hommes une égalité naturelle; et sans doute aux yeux de la raison et de la vertu, telle commune ignorée, vierge encore de la révolution et de ses injustices, où se sont conservées sous le chaume et la bure les affections les plus vives pour la religion et la royauté, est autant une commune de l'État que ces opulentes capitales, dépositaires, dans leurs grands établissements, *de toute la fortune* d'une nation, et qui ont si mal gardé les trésors qu'elle leur avoit confiés.

Au reste, il y a entre les communes moins d'inégalité qu'on ne croit, sous le rapport de la propriété foncière, base première de la représentation. Les grandes villes sont peuplées en grande partie d'hommes sans propriétés d'aucune espèce, et les communes manufacturières, avec une plus grande population, comptent moins de propriétaires fonciers que les communes agricoles; la politique même ne met aucune différence entre la représentation diplomatique des plus grands États et des plus petits, qui, les uns comme les autres, sont représentés près des nations étrangères par un seul envoyé.

Avec une théorie si simple, si vraie, si naturelle, il n'y a pas de difficulté d'exécution qu'on ne puisse lever. La nature donne à la raison de l'homme les principes dans leur simplicité, comme elle livre à son industrie la matière première des arts utiles, et elle lui laisse le soin d'appliquer les principes aux besoins de la société, et la matière brute à ses propres besoins.

Et remarquez, messieurs, comme un hasard tout-à-fait singulier, que le nombre total des communes du royaume, qui est de quarante mille environ, est le même à peu près que celui des électeurs qui ont voté dans les dernières élections aux colléges électoraux de département. Remarquez que, si vous voulez prendre le terme moyen du nombre des communes, vous aurez environ quatre cent soixante, qui est ou qui peut être le terme moyen de la force des colléges électoraux de département ; et qu'enfin, si vous prenez les deux extrêmes, le département le plus fort en communes et le plus foible, Paris excepté, qui est un département plutôt qu'une commune, vous aurez neuf cent quatre-vingt sept pour l'un, et cent huit pour l'autre, deux nombres qui ne s'éloignent pas trop en plus ou en moins de celui qui sera assigné à chacun de leurs colléges électoraux de département, ou par la disposition de la loi, ou par insuffisance d'électeurs.

Ce système des communes, mais défiguré par des idées dominantes d'individualité personnelle, entra pour quelque chose dans l'établissement des assemblées primaires de canton et d'arrondissement. On l'avoit conservé avec tous ses défauts dans le dernier système d'élection qui vous fut présenté à la session dernière ; il eût suffi de le régulariser, de revenir au principe pour avoir un premier degré d'élection véritablement politique ; on a préféré, dans la loi qui vous est soumise, de le rejeter tout-à-fait. On s'est enfoncé, plus qu'à aucune autre époque de nos erreurs, dans le faux et dangereux principe de l'individualité ; et les communes, affranchies par la royauté absolue, ont été déshéritées par la royauté constitutionnelle.

On s'est appuyé sur la Charte, comme si la Charte avoit aboli le droit des communes, comme si elle avoit pu l'abolir.

D'abord, où trouve-t-on dans la Charte que les collèges électoraux d'arrondissement ont été supprimés, lorsqu'on y lit, article 35 : « La Chambre des députés sera composée des » députés élus par les collèges électoraux ». La Charte ne dit pas de département ou d'arrondissement, elle dit *les colléges électo-raux*, et les colléges électoraux d'arrondisse-ment avoient jusque-là concouru à l'élection, comme les colléges électoraux de département; et tout collége qui élit est un collége électoral; et depuis la promulgation de la Charte, les colléges électoraux d'arrondissement ont été convoqués aux deux élections qui ont eu lieu; et si la Charte enfin avoit voulu exclure les colléges électoraux d'arrondissement du droit d'élire dont ils étoient jusque-là en possession, elle auroit levé toute équivoque, et indiqué nommément, comme seuls conservés, les col-léges électoraux de département; et la preuve encore qu'elle n'a pas entendu les supprimer, c'est qu'elle a immédiatement après, et dans les articles 36 et 37, retenu des anciennes ou dernières formes tout ce qu'il étoit possible d'en retenir, tout, jusqu'au nombre des dé-putés, le même, dit la loi, que les départe-ments ont eu jusqu'à présent; tout, jusqu'au temps fixé à la durée de leurs fonctions, etc.

La Charte a-t-elle pu supprimer les colléges électoraux d'arrondissement, lorsque nous

avons vu tant d'autres existences bien moins
utiles, bien moins respectables, bien plus
onéreuses à l'Etat, consacrées et garanties par
la Charte et par la restauration? A-t-elle pu
donner exclusivement aux particuliers à trois
cents francs de contribution le droit d'élection
qu'elle ôte aux communes, qui, l'une dans
l'autre, payent trente fois davantage? L'élection est de droit commun, et non de droit
individuel : elle appartient donc à la commune, et non à l'individu. La Charte n'a pas
voulu, n'a pas pu ôter le droit de représentation à la commune pour le transporter à
l'individu. Ce n'est que la communauté seule,
soit commune, soit département, qui a le
droit de faire ce transport, et qui le fait par
l'élection, au député qu'elle choisit pour défendre ses intérêts.

Mais on incidente sur les termes de l'article 40. Les électeurs qui *concourront*, etc.,
et on prétend que le mot *concourront* exclut
formellement de l'élection tout citoyen qui
ne paye pas trois cents francs. Je suivrai mes
adversaires sur le terrain aride de la gram-

maire. On pardonnera cette digression à un membre du corps illustre chargé de faire le Dictionnaire de la langue françoise; et sans doute le sens du mot *concourront* ne leur a pas paru si évident, puisqu'ils se sont cru obligés de l'expliquer et de le défendre.

Le mot *concourir*, dans sa signification exacte, exprime l'action de deux agents différents vers un même but; et de là l'acception reçue des mots *concurrent, concurrence, concours*, qui viennent du mot *concourir*. Ainsi on ne dira pas les juges *concourent* au jugement, mais les juges jugent, ou portent un jugement, ou même coopèrent au jugement; mais si les avocats étoient appelés à siéger avec les juges, on diroit, on devroit dire, les avocats *concourent* avec les juges à former le jugement. On ne dira pas un député *concourt* à faire la loi, mais il coopère à la confection de la loi : un seul agent *coopère*, deux agents différents *concourent*; et l'on dira la majorité et la minorité *concourent*, par leur vote affirmatif ou négatif, à faire la loi. Il n'y a pas de synonymes dans une langue bien faite,

et les ouvrages sur les synonymes de la langue
françoise prouvent précisément, et par des
exemples, qu'il n'y a pas de synonymes. Ainsi
le mot *concourir* ne se dit pas avec exactitude
d'une action faite par un même ordre d'agents
qui peuvent être appelés d'un même nom
collectif, et qu'on peut abstractivement considérer comme un seul agent; et les exemples
cités au mot *concourir*, dans le Dictionnaire
de l'Académie, lui donnent cette signification.
Ainsi l'on ne peut pas dire de tous les électeurs à trois cents francs que la loi qui vous
est soumise appelle à voter tous ensemble et
simultanément, ils *concourent* à nommer,
mais ils *nomment;* et lorsqu'on rapproche ce
sens vrai et exact des autres motifs que j'ai
donnés pour prouver que la loi n'avoit pas
entendu supprimer les colléges électoraux
d'arrondissement, et avoit voulu au contraire
conserver, autant qu'il étoit possible, les dernières formes, on demeure convaincu que le
mot *concourent*, loin d'exclure formellement,
désigne au contraire implicitement un ordre
d'électeurs et un degré d'élection, qui con-

court avec un autre ordre d'électeurs et un autre degré d'élection, à nommer les députés ; et je crois que le mot *concoûrent* fut mis dans la Charte précisément dans cette pensée. On étoit alors au plus loin d'imaginer un seul degré d'élection, et la loi proposée à la session dernière en est la preuve.

Il est possible que la liberté de la conversation donne quelquefois au mot *concourir* un sens moins restreint et moins précis. Les mots, comme l'argent, se donnent sans les peser dans le commerce familier ; mais la Charte, qui est une exposition de dogmes politiques, rejette le vague des expressions : elle ne les reçoit qu'au poids, comme l'argent au trésor public, et elle doit être aussi exacte dans les termes qu'une *confession de foi*, qui est une exposition de dogmes religieux.

Sans doute toute équivoque eût été levée, si on eût ajouté après le mot *concourent* le mot *immédiatement*. Mais en vérité, il manque à la Charte tant de mots plus importants, qu'on ne doit pas s'étonner que ceux qui l'ont faite n'aient pas eu le temps de peser les

mois, lorsqu'ils en ont eu si peu pour mûrir
les idées.

J'abandonne ici le premier degré d'élection, celui par communes réunies par députés, dans leurs arrondissements respectifs,
pour nommer des candidats ou des électeurs,
et je passe au second degré et au collége électoral de département.

L'erreur de la loi proposée est de nous
jeter dans un système de délégation directe
qui consiste, dit le préambule de la loi, « à ce
» que la nomination de chaque député soit le
» résultat du concours de tous les électeurs
» du département, et non l'ouvrage de telle
» ou telle portion déterminée de ces mêmes
» électeurs ». Ce mauvais système est une conséquence de la mauvaise doctrine de la sou-
veraineté du peuple, qui veut que le Roi
lui-même soit un représentant du peuple, et
même un représentant élu, et qu'il représente
la volonté populaire. On ne représente pas
la volonté d'un homme, encore moins celle
de plusieurs hommes, mais leurs intérêts;
et lors même que l'on nomme, dans une

affaire personnelle, un fondé de pouvoir, on
lui donne des intérêts à traiter, et non des volontés à représenter; et de là vient que les
procurations doivent être spéciales, et non
générales et indéterminées. Il est absurde de
penser qu'un de nous représente ici la volonté
de la moitié, moins un, des électeurs qui n'a
pas voulu le nommer, et qui a voulu en nommer un autre, plus absurde encore; et c'est
l'opinion de J. J. Rousseau, qu'on puisse représenter généralement une volonté. Mais si
ma volonté, dont je ne connois pas à l'avance
les déterminations, ne peut représenter d'autres
volontés sur des objets futurs et inconnus,
mon intérêt, comme propriétaire, peut représenter d'autres intérêts du même genre,
parce que, si les volontés sont différentes, les
intérêts sont les mêmes, et que je ne peux,
par exemple, stipuler pour ma propriété, la
soumettre ou la soustraire à un impôt, sans
stipuler pour la propriété de tous les autres
contribuables, et la soumettre ou la soustraire
au même impôt : ce sont des choses réelles
et positives; ce sont donc des vérités.

On a si bien senti les vices de ce système de
délégation, que nous ne sommes pas les délé-
gués de ceux qui nous ont nommés, point les
mandataires de ceux qui nous ont mandés,
point les représentants de ceux qui nous ont
présentés ; mais que chacun de nous est le dé-
légué, le mandataire, le représentant de la
France entière, à peu près comme un homme
fameux dans les premiers temps de la révolution, étoit l'orateur du *genre humain*. Ce sont
là, messieurs, des fictions qu'on ne peut soutenir qu'avec d'autres fictions, et sur lesquelles
on ne sauroit asseoir l'édifice de la société ; c'est
à ces fictions dangereuses que voudroient amener l'Angleterre ceux qui invoquent à grands
cris la réforme parlementaire ; c'est précisément pour avoir fondé sur des réalités, et non
sur des fictions, sa représentation nationale ;
c'est pour l'avoir établie sur des intérêts à défendre par des intérêts semblables, et non sur
des volontés à représenter par d'autres volontés ; enfin, sur le droit de propriété, et non
sur le droit de délégation, que l'Angleterre a
dû la prospérité dont elle jouit depuis un siè-

cle, malgré la forme orageuse de son gouvernement, et qu'elle doit le bonheur d'avoir conservé des mœurs monarchiques, en dépit des
institutions populaires. C'est depuis qu'on veut
introduire en Angleterre le droit de délégation
à la place du droit de propriété, qu'elle voit sa
tranquillité menacée ; car ce sont les fictions
qui agitent les peuples, pareilles à ces fantômes
qui épouvantent les enfants.

Que sommes-nous donc, et pourquoi sommes-nous ici ? Voilà ce qu'il faut nous demander, et à quoi il faut répondre avant de faire
une loi sur les élections.

Nous sommes, contre l'État, les représentants, les exposants, si l'on aime mieux, des
besoins des communes, et les défenseurs de
leurs intérêts ; comme les Pairs sont, contre les
communes, les représentants des besoins de
l'État et les défenseurs de ses intérêts ; et par
ce mot *contre* il ne faut pas entendre opposition, mais tutelle ; et c'est dans ce sens qu'un
curateur à l'hérédité maternelle défend les intérêts du fils contre les intérêts du père. Cette
tutelle de la commune donnée spécialement à

la Chambre des députés, nommée pour cette raison en Angleterre Chambre des *communes*, cette tutelle de l'État attribuée spécialement aussi à la Chambre des pairs, nommée pour cette raison *Chambre haute*, est le fonds, l'essence, la raison de ces deux institutions, quoiqu'à cause des relations intimes de la commune et de l'État elles statuent à la fois l'une et l'autre sur tous les objets relatifs à l'État et à la commune.

La commune, comme l'État, consiste en hommes et en propriétés; et lorsque l'État a besoin des hommes ou des propriétés de la commune, pour en faire ses hommes et ses propriétés, le gouvernement vous propose, par exemple, une loi sur le recrutement de l'armée, et une autre loi sur l'impôt; et toutes les lois, absolument toutes, que vous serez appelés à discuter, statuent directement ou indirectement sur les hommes et sur les propriétés morales ou matérielles de la commune; je dis morales, car la justice, la religion, l'éducation, les mœurs, sont aussi les propriétés de la commune, et même les plus précieuses de ses propriétés, et malheureusement les plus négligées.

Nous représentons donc ici des intérêts, et non des volontés ; car les intérêts se représentent, et non les volontés.

Or, messieurs, j'interroge ici votre raison, et ce bon sens *mattre des affaires*, et qui n'est que l'esprit sans recherche et sans passions. Si vous avez une affaire civile, vous consultez les avocats les plus habiles ; sur une question d'agriculture, vous vous adressez aux cultivateurs de votre canton les plus renommés ; dans une question de littérature ou de science, aux gens de lettres ou aux savants les plus célèbres ; et par conséquent, dans des intérêts de propriété, il faut mettre la députation le plus qu'on peut dans les mains des plus forts propriétaires, ou du sol ou de l'industrie, parce que la grande propriété toute seule, et indépendamment des dispositions personnelles de l'individu, donne à la fois la connoissance, les habitudes, les intérêts qu'exigent la défense et la tutelle de la propriété ; les connoissances et les habitudes, parce qu'une grande propriété suppose le maniement et la pratique de grandes affaires ; les

intérêts, parce que le fort propriétaire ne peut
soulager le pauvre d'une petite somme d'impôt
sans se soulager lui-même d'une somme bien
plus considérable; et si, dans de petites idées
qui ont fait de si grands ravages dans les esprits
et dans les mœurs, on disoit que les forts propriétaires seront plus dépendants du gouvernement, plus disposés à lui plaire, je répon-
drois qu'on préfère en général, et par disposition naturelle, ses intérêts comme propriétaire
à tous les autres intérêts; et qu'en fait d'argent,
tout le monde soigne ses propres affaires avant
celles de l'État, et les forts propriétaires comme
les autres. Et prenez garde que je ne réclame
ici qu'une justice; car enfin ce sont les forts
propriétaires qui supportent la plus grande
part des charges directes ou indirectes de l'État,
et qui partagent avec lui le poids immense de
la bienfaisance publique; et malheur à l'État
qui seroit seul à le porter, et qui ne compteroit
que sur le trésor public pour soulager la misère publique!

Ici, messieurs, je ne suis point en contradiction avec la Charte, puisqu'elle n'a fixé une

cote de contribution pour la faculté d'élire ou
d'être élu, que pour avertir qu'elle vouloit que
l'électeur ou l'élu fussent indépendants dans
leur existence privée, et que par conséquent
le plus haut cotisé, et par cela même le plus
indépendant, est, si j'ose le dire, et dans la
lettre et dans l'esprit de la Charte, et le plus
électeur et le plus éligible.

Ainsi, messieurs, c'est moins en vertu du
droit métaphysique de délégation directe ou
indirecte, qu'en vertu du droit réel de leur
propriété, que les plus forts contribuables de
la commune ou du département doivent seuls
coopérer à l'élection; et la société à cet égard
est comme ces compagnies d'actionnaires dans
lesquelles un nombre déterminé d'actions
donne droit exclusif à voter dans le conseil
de l'entreprise.

C'est sur cette base, c'est dans ces principes
évidents, incontestables, que s'est peu à peu
formée et que se maintient la représentation
nationale chez nos voisins. A quelque époque
et de quelque manière qu'elle ait commencé,
le peuple anglois a envoyé pour défendre ses

intérêts, ceux qui avoient le plus d'intérêts du
même genre à défendre ; c'est une inspiration
du sens commun, et les sociétés ne la méconnoissent que lorsqu'elles sont perdues d'esprit
et de faux systèmes.

Et vous remarquerez, messieurs, que les dépenses énormes, quelquefois extravagantes,
que font en Angleterre les candidats pour être
élus à la Chambre des communes, ont le même
effet et le même principe qu'avoit chez nous
la vénalité des offices de haute magistrature,
chargée aussi, quoique sous d'autres formes,
des fonctions politiques que nous exerçons.
Ces dépenses qui prouvent la fortune, sont une
caution d'indépendance et d'intérêt à la défense des intérêts qui leur sont confiés : tant il
est vrai que la raison, lorsqu'on la consulte ou
qu'on la laisse faire, conduit tous les peuples
sous une forme ou sous une autre aux mêmes
résultats !

Si les auteurs du projet de loi qui vous est
soumis, avoient eu en perspective éloignée
quelque résultat du même genre en réunissant
dans les mêmes lieux des armées d'électeurs à

3oo francs, j'oserois leur dire que ces moyens
consacrés en Angleterre par un long usage, et
dont les mœurs ne s'offensent pas, ne sauroient
nous convenir ; et sans les blâmer partout où
l'habitude en diminue le danger et en déguise
l'inconvenance, il faut éviter de les introduire
en France, où ils ne seroient pas sans danger
et sans scandale.

Je n'ignore pas que de petites et honteuses
passions voient toujours et partout l'homme,
et jamais le propriétaire ; elles font revivre ce
qu'elles ont détruit, pour le détruire encore ;
et de tout le passé, elles n'ont oublié que leurs
excès. Ces passions, il est plus facile de les connoître que de les concevoir, pour celui qui a
vécu sans jalousie d'aucune élévation, et sans
ambition d'aucune grandeur, qui ne regrette
que ce que tout le monde a perdu, qui ne
désire que ce dont tout homme doit jouir, sans
intérêt dans cette question, puisqu'il est lui-
même sans propriété personnelle. Mais fût-il
né dans la condition la plus obscure et la plus
indigente, il n'en sentiroit que mieux la convenance, l'utilité, la nécessité même de confier

aux plus intéressés dans la propriété la défense des intérêts de tous les propriétaires. Et remarquez que plus le département est riche et populeux, plus la dernière classe des électeurs est nombreuse; en sorte que par un étrange renversement d'idées et d'intérêts, ce sont les départements à grandes propriétés et à grands propriétaires qui sont le plus menacés par la loi qui vous est soumise, de n'être représentés que par les plus petits.

Il est possible qu'en adoptant quelques-unes des idées que j'ai l'honneur de vous proposer, les cotisés à 300 francs ne coopèrent pas tous, ou toujours, ou tous à la fois, à la nomination des députés; mais outre que la Charte ne dit pas qu'ils y *concourent* tous, qu'ils y *concourent* toujours, qu'ils y *concourent* tous à la fois, il en sera des électeurs comme des éligibles, dont le plus grand nombre ne sera même jamais élu. Obtenir la garantie la plus forte que les élections seront libres et régulières, que les choix seront bons, est tout dans cette matière, et la Charte nous laisse, pour y parvenir, toute latitude.

Quelque parti que l'on prenne, la Chambre
doit être complète, et atteindre un nombre
quelconque; car la Charte n'en fixe précisément aucun, puisqu'elle dit, article 36, que
« chaque département aura le même nombre
» de députés qu'il a eu jusqu'à présent », et
que ce nombre a toujours varié. Sans doute,
une Chambre des députés, quelque peu nombreuse qu'elle soit, ne peut jamais être nom-
plète en membres *présens*; mais elle doit être
complète en membres *nommés*, sous peine
d'invalider elle-même ses opérations. Si la dissolution de la dernière Chambre a eu pour
motif qu'elle excédoit le nombre fixé par la
Charte, qui proprement n'en fixe aucun, il
n'y a pas de raison pour qu'il reste au-dessous;
et la proportion du nombre des députés est si
foible, comparée à la population totale de la
nation; elle est si foible, comparée à la Chambre
des pairs, qui doit raisonnablement être beaucoup moins nombreuse, qu'il eût mieux valu
pécher par excès que par défaut. Les Chambres
auroient, sur ce point comme sur bien d'autres,
amélioré la loi. Si, pour fixer le nombre des

députés, on eût cherché des analogies, on en auroit trouvé dans le nombre total des membres des cours souveraines, qui exerçoient en France la fonction politique que nous exerçons aujourd'hui dans un plus haut degré; ou mieux encore, dans le nombre des députés aux États-Généraux, que nous remplaçons. Si l'on eût voulu des exemples, on en auroit trouvé en Angleterre, où la Chambre des communes est à peu près le dixième millième de la population, tandis qu'en France elle est aujourd'hui moins du cent millième. Et certes, où représentation et députation sont des mots sans valeur, même dans un gouvernement représentatif, où le bon sens indique une proportion, sinon de nombre entre les commettants et les députés, du moins de bienséance, si j'ose le dire, et d'égards pour une nation puissante et éclairée, qu'il est peu décent de réduire ainsi à un *extrait* si imperceptible.

L'influence de la grande propriété, ou de la propriété moyenne, sur l'élection et la députation, a éveillé la question, plus délicate, de la garantie que telle ou telle classe de la société peut offrir à la stabilité du gouvernement. D'anciens souvenirs, rappelés par nos institutions récentes, et peut-être imprudemment, se sont mêlés à nos nouvelles pensées; et en général, beaucoup d'esprits sont disposés à ne voir que les abus des meilleures institutions, et que les avantages des mauvaises. Cette question est une de celles qu'il faut résoudre, quand une fois elles ont été agitées. Je crois pouvoir la traiter avec connoissance, avec modération, avec équité. Et d'abord, je commence par déclarer que je ne connois en politique, à l'une de ces classes, que des droits; à l'autre, que des devoirs, et des devoirs si sévères, que si, dans mon opinion, cette classe étoit constituée comme elle devroit l'être, comme elle le sera peut-être; si le grand problème qui travaille l'Europe est jamais résolu, loin d'être un objet d'ambition ou de vanité pour des titres ou des décorations, elle seroit un sujet d'épouvante pour la vertu elle-même, qui en redouteroit les engagements bien plus qu'elle n'en rechercheroit les honneurs.

La question dont je m'occupe a été depuis long-temps résolue par la nature.

Comme il n'y a dans le monde politique que deux états nécessaires de société, la société domestique et la société publique, il n'y a pour l'homme que deux états *nécessaires* dans l'acception rigoureuse et philosophique du mot, l'état qui nourrit la famille, l'état qui défend la société dans les fonctions de la magistrature et de l'armée, et que dans toute l'Europe on a appelé *noblesse*. La Charte a conservé ce mot, et nous pouvons nous en servir.

Ces deux extrêmes se rapprochent, puisque, autrefois, on ne pouvoit être noble sans être propriétaire, et qu'on pouvoit être laboureur sans cesser d'être noble.

Entre ces deux états nécessaires se placent toutes les professions utiles, plus ou moins honorées, selon qu'elles servent aux besoins de la famille, ou qu'elles aident au *service* de la société (1).

_____

(1) Toutes ces professions, même les plus utiles, ne sont pas *nécessaires*, puisqu'on peut défendre ses intérêts sans

Tout individu peut ne pas aspirer à la noblesse; mais toute famille y tend, elle doit y tendre comme à sa fin, comme à une fin louable. La famille qui y est arrivée ne peut pas aller plus loin. Les hommes ne peuvent plus rien ajouter à son existence politique; le temps seul, en la vieillissant, lui donne plus de droits aux respects. Cependant, dans le gouvernement représentatif, elle peut avoir part au pouvoir, et même au pouvoir héréditaire ou à la royauté, ce qui ne rend pas les ambitions moins actives ni moins ardentes.

Nous n'avons rien changé de tout cela; et malgré les progrès du siècle, les progrès des lumières, les progrès de la raison, les progrès de l'industrie, il y aura toujours des familles qui cultiveront la terre, et des familles qui serviront l'État.

---

avocats, et terminer ses différents civils sans juges. Le chef-d'œuvre de la constitution ancienne de la France étoit d'avoir réuni dans les mêmes mains la justice civile et la justice criminelle, c'est-à-dire la *profession* la plus utile et l'*état* le plus nécessaire.

Ainsi, la famille qui n'est pas encore sortie
de l'état primitif, et la famille qui est arrivée
au dernier état, sont dans un état *fixe*, et les
individus qui les composent sont modérés par
position ; même lorsqu'ils seroient ambitieux
par caractère. Et les familles qui sont sorties du
premier état, sans être encore parvenues au
dernier, sont dans un état d'avancement, de
progrès, et par conséquent de *mobilité*, comme
le voyageur au milieu de sa course, et les individus y sont inquiets par position, même lorsqu'ils sont modérés par caractère ; car la position fait les hommes ce qu'ils sont, bien plus
que le caractère. On trouve, dans cette classe,
bien plus de talents divers et autant de vertus
privées que dans l'autre ; mais en politique elle
a des affections plutôt que des connoissances
positives, et elle est exposée à prendre des désirs pour de la capacité, et des obstacles pour
des refus.

Je réponds à des généralités de reproches,
par des généralités de principes ; il y a autant
d'exceptions à faire aux principes qu'aux reproches.

Je dois cependant éloigner de la classe agricole l'imputation d'avoir puissamment contribué à la révolution. La capitale a demandé la révolution aux provinces, les villes l'ont demandée aux campagnes, et partout ne l'ont pas obtenue, ou ne l'ont obtenue qu'avec peine. J'accorde, si l'on veut, que quand la société périt la faute en est à ceux qui doivent la défendre ; aussi sont-ils toujours les premiers attaqués et les premiers punis. Il n'est pas question de savoir qui a le plus gagné à la révolution ; on voit avec plus d'évidence ceux qui en ont le plus souffert. Ce mot nous rappelle la nécessité des *sacrifices*, qui sont aussi des devoirs, ces devoirs qu'un noble romain, et même un noble nouveau, Cicéron, croyoit remplir, lorsqu'il émigroit de Rome pour aller se joindre à Pompée, qui défendoit la liberté romaine ou ce qu'on prenoit pour elle. « Ce n'est pas, » écrit l'orateur romain, pour mettre à profit » la victoire que j'ai abandonné ma patrie, mes » enfants et mes biens ; mais parce que j'ai cru » remplir un devoir légitime et sacré que m'im-

« posoit envers l'État et moi-même le rang que
» j'y occupois (1) ».

Je placerai ici la réponse à une accusation
renouvelée par le commissaire du gouvernement qui a parlé le dernier contre ceux qui at-
taquent quelque acte du ministère, de vouloir
être ministres. Si j'étois ministre, je me méfie-
rois de tout le monde, des amis et des ennemis. Au reste, les partisans rigides du gouvernement représentatif prétendent que l'ambition du ministère est l'âme et la vie de ce gouvernement ; et pour que la *matière ministé-*
rielle ne manque pas plus que la *matière élec-*
torale (2), il y a dans ces gouvernements en-deçà
comme au-delà de la Manche, un petit ministère toujours prêt à remplacer le grand.

Il est temps de sortir de ces considérations

_____

(1) *Nec enim nos arbitror victoriæ præmiis ductos pa-*
triam olim et liberos et fortunas reliquisse, sed quoddam
nobis officium et justum et pium debitum reipublicæ nostræ
quæ dignitati videbamur sequi. Epist. ad Attic.

(2) Expression d'un orateur qui a parlé sur cette question.

locales et particulières, pour s'élever à des considérations générales et politiques d'un plus
haut intérêt.

Je dirai aux Chambres, qui partagent avec
le Roi le pouvoir législatif : « Tous les peuples
» qui nous entourent, tourmentés de la même
» maladie, et dégoûtés plutôt que mécontents
» de l'unité de pouvoir, cherchent dans sa di-
» vision constitutionnelle le remède à des maux
» dont ils méconnoissent la source, et appel-
» lent le gouvernement représentatif comme le
» terme de toutes les inquiétudes et de toutes
» les dissensions. Des charlatans qui poussent
» à la démocratie le proclament comme un
» baume universel ; les gens sages et habiles le
» souffrent ou même le désirent dans la foi-
» blesse actuelle des gouvernements, comme un
» moyen de contenir, en la tempérant, de di-
» riger, en lui cédant, cette furieuse tendance
» aux institutions populaires. En Angleterre, le
» pouvoir populaire contemporain du pouvoir
» royal, et tantôt   rival, et tantôt son esclave,
» à force de dissensions et de malheurs, a fini
» par se combiner assez heureusement avec les

» principes et les mœurs monarchiques qui en
» sont le correctif. En France, au contraire,
» il a commencé par renverser le trône; c'est
» sur ses débris qu'il s'est élevé, et il tend tou-
» jours à retenir le plus qu'il peut de son ori-
» gine. Nous rejetons loin de nous l'idée d'imiter
» en ce point l'Angleterre; nous voulons faire
» mieux, ou faire autrement; et, en dédaignant
» l'exemple, nous nous condamnons nous-
» mêmes à servir de modèle aux autres gouver-
» nements qui semblent ne retarder si long-
» temps l'établissement de ces nouvelles insti-
» tutions si hautement annoncées ou promises,
» que pour savoir ce qu'elles deviendront en
» France, la forme que nous leur donnerons,
» et dans quel esprit et sur quels principes
» sera combinée notre représentation. Toute
» la question, n'en doutez pas, le gouverne-
» ment représentatif tout entier est dans la loi
» sur les élections; après la Charte qui les éta-
» blit, la loi la plus fondamentale sera la loi
» qui en déterminera le mode et l'on peut dire
» que si la Charte est la loi fondamentale du
» royaume, la loi sur les élections est la Charte

» du gouvernement. Prenez-y garde; en France,
» la royauté est pauvre puisqu'elle est pension-
» née ; car on est riche de ce que l'on possède,
» et pauvre de ce que l'on reçoit. La Chambre
» aristocratique est pauvre, et par la même
» raison ; et si vous adoptez la loi proposée,
» vous avez, comme on vous l'a démontré, une
» Chambre démocratique prise dans les classes
» inférieures de la propriété ; car ce n'est pas à
» Paris , sans doute, où les plus petits emplois
» sont si largement appointés, qu'on peut re-
» garder comme riche celui qui paye mille
» francs de contributions. Mais plus une Cham-
» bre est pauvre, plus elle est, dans les temps
» d'orage, violente et dangereuse ; plus une
» Chambre aristocratique est pauvre, plus elle
» est foible ; en sorte qu'au premier choc
» tout équilibre de force seroit rompu entre
» elles, et l'État seroit renversé. Si en Angle-
» terre la Chambre des Pairs, forte de son an-
» cienneté, de ses vastes possessions territo-
» riales, de ses immenses richesses, des loix qui
» en substituent la propriété à l'aîné de la fa-
» mille; forte de sa nombreuse clientelle, et de

» sa représentation dans ses terres, égale en
» magnificence à celle des souverains, n'a pas
» pu, dans les temps de troubles, se défendre
» contre la Chambre des communes, que de-
» viendroit la nôtre, quel appui prêteroit-elle
» au Roi et à l'État si jamais elle étoit attaquée
» par une Chambre rivale, forte de ses besoins,
» de sa jalousie et de ses désirs? Voilà un dan-
» ger, et en voici un autre plus imminent peut-
» être; car nous ne marchons jamais qu'entre
» deux écueils.

» Les doctrines de 1789 et celles de 1815
» présentent un contraste bien digne d'atten-
» tion. En 1789, le dogme politique le plus
» constant étoit la nécessité de doubler le nom-
» bre des députés de la partie de la nation que
» nous représentons. L'État tomba dans la dé-
» mocratie, et bientôt après sous le despotisme
» ou populaire ou militaire, héritier présomptif
» de toutes les démocraties. Le Roi, par son
» ordonnance du 13 juillet, voulut rétablir
» l'équilibre entre les deux parties de la nation.
» En augmentant le nombre des pairs, il aug-
» menta celui des députés, et même la pairie

» acquit par l'hérédité toute la force dont elle
» est susceptible. Aujourd'hui, et par l'ordon-
» nance du 5 septembre, la partie démocrati-
» que a été réduite à peu près de moitié, sans
» que la partie aristocratique ait rien perdu de
» son nombre et de sa force. Encore faut-il ob-
» server que la Chambre des Pairs tend conti-
» nuellement à s'accroître ; que celle-ci, au
» contraire, est fixée à un nombre précis, et
» ne peut s'étendre; que l'une est héréditaire,
» et l'autre dans une mobilité perpétuelle. Tout
» équilibre, toute proportion entre elles sont
» donc rompus ; et si quelque orage ne nous
» rejette pas dans la démocratie, nous tombe-
» rons sous l'aristocratie, le pire de tous les
» gouvernements, selon J. J. Rousseau, parce
» qu'il a tous les inconvénients de la monar-
» chie et de la république, sans avoir aucun de
» leurs avantages. En 1789, ce furent les mi-
» nistres du Roi qui proposèrent de doubler le
» nombre des députés; en 1815, ce sont les
» ministres du Roi qui ont proposé de le réduire
» à moitié. L'intérêt de la monarchie n'a pas
» été plus compris à une époque qu'à l'autre;

» car la démocratie ne veut pas de la royauté,
» et l'aristocratie n'en veut qu'un fantôme :
» mais lorsqu'elles existent ensemble, il faut
» qu'elles soient égales en force pour main-
» tenir la royauté au milieu d'elles. Déplora-
» bles doctrines que celles qui varient ainsi au
» gré des passions et des intérêts ! »

Je dirai aux dépositaires de l'autorité : « Vous
» avez dissous la dernière Chambre sur un motif
» *numérique* dont personne, ni le gouverne-
» ment lui-même, n'avoit soupçonné la gra-
» vité. La France l'avoit donnée au Roi. Vous
» n'étiez pas encore ses ministres; vous en avez
» demandé une autre à la nation; vous l'avez
» obtenue.

» Ce sont des faits, et non des reproches. Au
» lieu et en la qualité que je parle, la loi m'in-
» terdit le reproche, puisqu'elle permet l'ac-
» cusation.

» La nation vous a renvoyé en partie ceux
» qu'elle avoit nommés. Elle en a envoyé d'au-
» tres. Anciens ou nouveaux, tous méritent sa
» confiance, et justifieront son choix. Cepen-
» dant, si vous réfléchissez à l'effet qu'a pro-

» duit sur les esprits, sur les opinions, sur les
» craintes et les espérances, sur les souvenirs
» du passé et les prévisions de l'avenir, cette
» mesure que la constitution réservoit pour
» les dangers extrêmes de l'État ; si vous dai-
» gnez faire attention à tout ce que les pre-
» miers magistrats de nos provinces, forcés de
» sortir de l'impartialité où ils étoient renfer-
» més comme dans un sanctuaire, pour se mê-
» ler à nos intrigues, et partager nos passions,
» ont dû perdre en dignité, en respect, en con-
» sidération, en confiance, chez un peuple
» trop disposé à censurer ses supérieurs, et à
» blâmer l'autorité ; si vous considérez que
» vous avez été conduits dans ce système à
» affliger des hommes que vous ne pouvez pas
» vous empêcher d'estimer, pour en flatter
» d'autres que vous redoutez, peut-être trou-
» verez-vous que la victoire ne vaut pas ce
» qu'elle a coûté.

» Et il ne faut pas croire qu'une majorité
» numérique soit quelque chose en France.
» S'il eût été donné à la puissance du nombre
» de disposer de son sort, il ne resteroit pas

» aujourd'hui pierre sur pierre de l'édifice; et
» ceux qui en sapent les fondements, et ceux
» qui en défendent les approches, et ceux qui
» en occupent le faîte, seroient tous depuis
» long-temps ensevelis sous ses débris. C'est la
» raison, c'est la vérité, c'est l'ordre et ses prin-
» cipes et ses loix qui seront éternellement en
» France la majorité, la majorité qui fait des
» loix durables, et qui jusqu'à présent a ren-
» versé tout ce qu'elle n'avoit pas établi.

   » A la session dernière, une grande respon-
» sabilité pesoit sur les députés : en en de-
» mandant, disons la vérité, en en désignant
» d'autres, vous vous êtes chargés du bonheur
» de la France et de son avenir; vous nous
» trouverez prêts à seconder de tous nos ef-
» forts la sagesse de vos mesures ; et l'opposi-
» tion que quelques loix pourront rencontrer
» ici sera tout au plus une contradiction, et
» ne sera jamais un obstacle.

   » Ces coups d'État, qu'on prend pour des
» dénoûments, et qui ne sont que des change-
» ments de scène, ont ce danger qu'ils ne per-
» mettent pas à ceux qui les tentent de s'arrê-

» ter où ils voudroient. La loi proposée sur
» les élections en est la preuve. Le système
» suivi dans les dernières élections a fait naître
» plus d'espérances qu'on ne veut en satisfaire,
» je le crois : cependant, pour ne pas sortir de
» la ligne où l'on s'étoit placé, il a fallu courir
» le risque de faire descendre l'élection, et par
» conséquent la députation dans les classes in-
» férieures de la propriété. Et toutefois il ne
» faudroit pas trop compter sur le système
» des influences publiques et avouées qui a
» réussi une fois comme par surprise chez une
» nation confiante, mais qui trouveroit à l'ave-
» nir tous les partis sur leurs gardes; et les
» influences publiques une fois connues, dé-
» créditeroient, et peut-être pour toujours,
» les influences secrètes, si jamais elles étoient
» nécessaires. Le système de balance entre les
» opinions n'est pas plus sûr. Ce système, na-
» turel aux esprits peu philosophiques, qui
» croient que la vérité est, comme la vertu, un
» milieu entre deux extrêmes, a perdu tous
» ceux qui en ont essayé, et celui-là même qui
» comprimoit les opinions en les réunissant

» toutes dans une haine commune contre sa
» personne ».

Messieurs, je finirai par une réflexion que
je recommande à votre attention la plus sérieuse.

La question des élections que vous discutez
occupe ou agite en ce moment toute l'Europe,
attentive au parti que vous allez prendre; cette
Europe propriétaire, cette Europe politique et
religieuse, qui n'est pas tout-à-fait l'Europe des
sociétés secrètes, des comptoirs, des universités
ou des académies. Si, par des loix nées des habitudes révolutionnaires, et dont l'exécution,
soyez-en sûrs, sera malgré vous plus révolu-
tionnaire encore, en même temps que vous
appelez de droit à l'élection la nombreuse classe
des petits ou des moyens propriétaires, vous
excluez de fait les chefs de la propriété, et les
plus intéressés à l'ordre et à la stabilité de la société; si, dans cette armée de propriétaires,
destinée à la défendre de l'irruption des pro-
létaires, et dont les grands propriétaires sont
les chefs naturels, vous placez l'autorité dans
les mains des simples soldats, vous continuez,

en en laissant subsister le principe, les doctrines et les gouvernements révolutionnaires,
vous comblez, en les prolongeant, les désordres
et les malheurs de l'Europe. Si, au contraire,
faisant concourir à l'élection la corporation
toujours bonne à la place de l'individu souvent
mauvais, la faisant partir de la commune pour
arriver au département et au royaume, vous
en constituez le droit et l'exercice dans l'ordre
naturel dans lequel la société elle-même est
constituée, vous aurez peut-être, il faut courir
la chance de ce terrible danger, vous aurez
peut-être quelques comtes et quelques barons,
mais vous aurez aussi de grands propriétaires,
qui auront les connoissances, les habitudes,
les intérêts, les vertus politiques que donne,
même aux moins vertueux, la grande propriété, et vous rasseoirez la société européenne
sur ces antiques fondements, sur ces fondements indestructibles comme la nature, qui
survivent même aux révolutions, prêts à recevoir des constructions régulières, où comme
ceux d'un temple célèbre, à engloutir les imprudents constructeurs qui tenteroient d'y éle-

ver un édifice que la nature repousse comme
la société. Pensez-y, et pour la France, et pour
l'Europe, et pour vous-mêmes. L'Europe va
vous juger, et vous passerez à ses yeux pour
des sages qui ont su profiter des grandes leçons
que notre révolution a données au monde, ou
pour des imprudents que la plus terrible expérience n'a pu corriger. Cette dernière considération n'est pas étrangère à notre situation politique; et si, au lieu d'alliés, la France avoit
des ennemis, ils vous conseilleroient la loi qui
vous est proposée.

Je vote pour qu'elle soit rejetée.

SECONDE OPINION

Sur la loi des Élections.

Séance du 6 janvier 1817.

MESSIEURS,

Vous avez décrété, dans la séance de samedi dernier, l'article 1er de la loi proposée; cet article est ainsi conçu : « Tout François jouissant » de ses droits civils et politiques, âgé de trente » ans accomplis, et payant 300 francs de con- » tributions directes, est appelé à *concourir* à » l'élection des députés du département où il a » son domicile politique ».

J'avois, dans l'opinion que vous eûtes la bonté d'écouter, présenté, ce me semble, le point précis de la difficulté, et le problème que nous avons à résoudre, en vous faisant observer que, dans les divers départements, considérés sous le rapport de la propriété, *tout étoit semblable et que rien n'étoit égal ;* et que dans la loi proposée, au contraire, *tout étoit égal et que rien n'étoit semblable.* Je l'avois présentée sous cette formule presque géométrique pour qu'elle fût plus facilement saisie et plus complètement réfutée. On a préféré de se jeter sur une comparaison *littéraire* et non *littérale,* que le bon goût même défendoit de presser.

L'article 7, que nous sommes appelés à discuter, est ainsi conçu :

« Il n'y aura dans chaque département qu'un » seul collége électoral ; il est composé de tous » les électeurs du département, dont il nomme » directement les députés à la Chambre ».

L'article 1ᵉʳ donnoit la capacité d'être électeur à tous les contribuables de 300 francs, âgés de trente ans, qu'il appelle à concourir. L'article 7 réduit cette capacité en acte, et de tous ces électeurs de droit fait autant d'électeurs de fait.

Jusqu'à présent, messieurs, vous avez pu remarquer qu'il n'a été question, pour le droit et l'exercice de la fonction d'électeur, que de

capacités ou de conditions matérielles. La triste
faculté de vivre est commune à la brute et à
l'homme, et la contribution est due par la
terre et non par l'homme; ce sont là, je le
répète, des conditions toutes matérielles, et
s'il n'y en a pas d'autres pour remplir les fonctions d'électeurs, c'est avec raison qu'un de
nos collègues a appelé la généralité des électeurs *la matière électorale*. Mais chez un peuple
moral et éclairé, suffit-il donc d'avoir vécu
trente ans, et peut-être dans le désordre, d'avoir
une propriété payant 300 francs d'impôt, et
peut-être usurpée sur la veuve et l'orphelin,
par un procès injuste, une usure criante, une
banqueroute frauduleuse et non jugée? Vous
exigez de tous ceux qui se présentent pour
remplir les plus humbles emplois de l'administration, de garde-champêtre, de garnisaire,
d'huissier près des tribunaux, de concierge
des prisons, des certificats de moralité, de
bonne vie et mœurs, et pour la première, et
même, dans un gouvernement tel que le nôtre,
la plus importante des fonctions, celle d'élire
les représentants d'une nation appelés à exer-

cer concurremment avec le Roi lui-même le
pouvoir législatif, vous receyriez indistinctement tous ceux que vous donneroit le hasard
de l'âge et de la fortune! Certes, j'aimerois autant les recevoir du sort, et s'il est aveugle, il
seroit du moins impartial. En vain direz-vous
que la multitude des bons empêchera, neutra-
lisera, comme on parle aujourd'hui, l'influence
des méchants. Je pourrois vous répondre avec
plus de vérité, que le mélange des méchants
détruira l'influence des bons, et que les méchants sont toujours plus agissants, peut-être
parce qu'ils sont plus agités. Mais quoi qu'il
en soit de ces influences favorables ou contraires, c'est l'honneur de la morale et de la
vertu que je considère, et l'influence que cette
promiscuité auroit sur l'opinion publique,
plutôt que celle qu'elle auroit sur le choix des
députés; et je répugne, je l'avoue, à voir la
vertu ainsi confondue avec le vice; la considération publique avec le mépris public; une
vie honorable et sans tache avec la longue habitude du désordre et des mauvaises mœurs. Il
faut donc un choix entre les François qui,

par l'article 1er, sont appelés tous à concourir,
ou , comme on peut le traduire, entre lesquels
doit s'ouvrir le concours.

« Il n'y aura, article 7 que nous discutons,
» qu'un seul collége électoral par département.
» Il est composé de tous les électeurs du dépar-
» tement » Qu'est-ce qu'un collége? On nous a
dit hier, c'est un nom collectif; mais assemblée, rassemblement, attroupement même sont
aussi des noms collectifs. *Collége* est le nom
d'une collection d'hommes, à la vérité, mais
d'une collection disposée, ordonnée suivant
certaines formes, dans un certain ordre et pour
un certain but; et un collége électoral est une
collection d'hommes réunis à certaines conditions, dans un même lieu, pendant un certain temps, sous la direction d'un président et
d'un bureau, pour procéder simultanément,
commodément, facilement, régulierement à
l'élection des députés. Or, messieurs, je le
demande, retrouvez-vous ces caractères, ou
plutôt ces conditions indispensables pour former un collége électoral, d'unité, de simultanéité, de commodité, de facilité, de régula-

rité dans des colléges électoraux, je ne dis pas
de 15 ou 16,000 électeurs, je m'éloigne des
extrèmes, mais seulement de 1,500, de 2, de 3
et de 4,000; et la loi elle-même ne nous in-
dique-t-elle pas que, passé le nombre de 600,
qui est déjà bien considérable, et qu'elle réduit à 300 dans certains cas, il ne peut plus y
avoir ni unité, ni simultanéité, ni facilité, ni
commodité, ni régularité, ni par conséquent
de collège électoral? Pensez-vous que si l'on
eût dit aux rédacteurs de la Charte, qu'ils
avoient entendu, par l'article 35 ou 40, nous
faire des corps électoraux de 3, 4, 6 ou 10,000
électeurs, ils n'eussent pas repoussé cette imputation comme une injure faite à leur raison?
5 à 6,000 électeurs, 3,000, 2,000 même ne sont
pas plus un collège électoral que 20,000 hommes ne sont un régiment, 10,000 étudiants ne
sont une classe, que 2 à 3 millions d'hommes
ne sont une armée. Il y a à tout des bornes
morales, parce qu'il y en a aux facultés physiques d'un homme chargé de diriger, de régler, de contenir. Est-ce là ce qu'on peut appeler *organiser* par des loix les colléges électo-

faux ? Il est vrai qu'on les divise là où ils sont
trop nombreux, et l'on en fait des sections
de 600; mais qui ne voit que chacune de ces
sections est un autre collége électoral, et qu'il
y a, contre le texte de la loi proposée, autant
de colléges électoraux que de sections ; véritables colléges électoraux, puisqu'elles sont
aussi nombreuses, réunies aussi dans un même
lieu, présidées aussi par un chef, nommé aussi
par le Roi, et dirigées aussi par un bureau,
et procédant aussi à l'élection des députés ?
D'abord, il y a *inconstitutionnalité*, puisque la
Charte ne donne à la couronne, dans chaque
département, que l'influence du président, et
que, par votre loi, vous lui donnez, dans la
majorité des départements, depuis 4 jusqu'à
18 ou 20 influences du même genre. Le dé-
pouillement, direz-vous, se fait dans un seul
bureau central; mais prenez garde qu'il se fera
inévitablement une convention tacite entre
toutes les sections, et que chacune voudra
nommer et nommera réellement son député,
parce que c'est dans les départements où il y a
un plus grand nombre de députés à nommer

qu'il y aura un plus grand nombre de sections.
Et je ne parle pas de l'impossibilité de loger,
de nourrir dans plusieurs chefs-lieux de petits
départements ce grand nombre d'électeurs; je
suis plus frappé encore de l'impossibilité morale d'empêcher ou de prévenir, dans ces diverses sections rapprochées dans la même ville,
les méprises de lieu, les doubles emplois de
noms identiques, en grand nombre dans les
mêmes départements, et tout ce que l'intrigue
pourra trouver de moyens et de facilités à
tromper, à séduire, à égarer; et si nous avons
vu des colléges de moins de 300 électeurs,
présidés même par des conseillers d'état, ne
pas savoir faire un procès-verbal sans y laisser
des omissions capitales et de véritables nulli-
tés, quel désordre, quelle confusion, quelle
irrégularité doivent résulter de ces simulta-
néités de sections élisantes en même temps, et
dans le même lieu, et où les électeurs, toujours
présents quand on n'a pas besoin d'eux, sont
toujours absents quand on les appelle? C'est
là, j'ose le dire, distribuer une foule, et ce
n'est pas, aux termes de la loi, organiser un

collége. Aussi, on a si bien senti que plus il
y auroit d'électeurs, plus difficultueuse seroit
l'élection; que pour la première fois, sans
égard à la maxime sur le danger d'innover, on
s'est écarté d'une loi ou plutôt d'un principe
devenu fondamental dans toutes les assemblées
élisantes ou délibérantes, qui veut que la moitié plus un soit nécessaire pour la validité de
l'opération, et qu'on s'est réduit à exiger le
quart des membres présents; ce qui, pour peu
que l'élection traîne en longueur, effet infail-
lible de réunions nombreuses, mettra l'élection dans les mains des plus opiniâtres, et fera
que plus il y aura d'électeurs, moins véritablement il y aura d'élisants.

Il faut donc un concours, un choix pour
réduire les électeurs de droit au nombre d'électeurs de fait, moralement convenable pour
former un collége électoral et faire une élection régulière.

Il est contre toutes les règles, contre tous
les usages que les concurrents eux-mêmes
soient juges du concours. Ce choix entre eux
ne peut être fait que par une classe inférieure

de propriétaires, tout aussi propres que les
électeurs à discerner le mérite, quoiqu'ils
payent quelques francs de moins de contribution; aussi intéressés que les électeurs, puisqu'ils sont aussi propriétaires; aussi recom-
mandables aux yeux de la loi que les électeurs,
puisqu'ils sont citoyens; et à qui la loi, si j'ose
le dire, doit ce dédommagement pour l'exclusion qu'elle leur a donnée, exclusion quelquefois si dure, et même en morale si injuste,
quoique nécessaire sans doute dans la politique
des gouvernements représentatifs, et qui hu-
milie l'honnête homme qui ne paye que 299 fr.
de contribution, de la préférence qu'elle donne
pour 20 sous seulement à l'homme quelquefois
le plus méprisé et le plus méprisable de la
contrée. Et croyez-moi, messieurs, adoucissez
autant que vous le pouvez et que la Charte
vous le permet, ces préférences si brusques et
si tranchées, et en conservant le choix des électeurs aux colléges d'arrondissements qu'aucune loi n'a supprimés, faites, si j'ose le dire,
que l'exclusion s'évanouisse en quelque sorte

et disparoisse dans une faculté politique plus étendue.

Mais comment choisir entre des électeurs, là où le nombre des contribuables à 300 fr. suffit à peine à former un collége? La réponse est facile : une ordonnance du 5 septembre, à ce que je crois, a autorisé, en Corse, des contribuables au-dessous de 300 fr. à se former en collége électoral. Si la Corse n'est pas un département françois, pourquoi une députation? Si elle est département françois, pourquoi un privilége? Et n'est-il pas absolument égal qu'il n'y ait pas assez d'électeurs pour l'élection, ou qu'il n'y en ait pas assez pour le concours? Le nombre est insuffisant dans un sens comme dans l'autre, et il ne faut pas deux poids et deux mesures. Je remarque, messieurs, que si vous n'étendiez pas à ces départements, dont je parle, tous de petite culture, la faveur accordée à celui de la Corse, ce seroit les plus pauvres et les plus petits de vos enfants que vous maltraiteriez davantage dans votre loi, puisqu'ils sont déjà réduits à un seul député; tandis que des villes qui, avec une plus grande

population, comptent bien moins de propriétaires et d'agriculteurs, en ont jusqu'à dix. Si
la politique a des faveurs et des préférences à
accorder, qu'elle les réserve pour ces contrées
que la nature a si maltraitées; pour ces départements éloignés de la résidence de l'autorité,
qu'elle ne peut vivifier de sa présence, et
où, sous prétexte d'une répartition au marc
la livre, l'administration a toujours laissé tant
de choses dans un état de souffrance qui est
une honte pour elle et un fléau pour eux.

Je me résume : la raison et la politique demandent que le concours entre les électeurs
soit ouvert dans les colléges d'arrondissement;
la Charte ne s'y oppose pas : l'article de la loi
qui les rejette n'est pas encore décrété.

Dussent les choix n'être pas toujours bons,
donnez au moins cet appui à la morale publique, que le concours puisse écarter l'homme qui
n'est fait ni pour élire ni pour être élu. Législateurs, comptez aussi pour quelque chose les
conditions morales, et voyez dans la société à
laquelle vous êtes appelés à donner des loix et
des mœurs, autre chose que des bipèdes de

trente ans, et qui trouvent leur nourriture sur
un sol de quelques arpents d'étendue. Vous
excluez des fonctions publiques des hommes
flétris par des jugements de tribunaux; ne fer-
mez ni à la vertu ni au vice le seul tribunal
qui puisse prononcer entre eux, le tribunal
de l'opinion : celui-ci est le tribunal des mœurs,
l'autre est le tribunal des loix; et malheur au
peuple qui ne voit de justice et de vertu que
celle de la loi, et chez qui seroit permis tout
ce qu'elle ne défendroit pas, et récompensé
tout ce qu'elle n'auroit pas puni !

Je vous répéterai ce que j'ai eu l'honneur de
vous dire : pensez à la loi que vous allez rendre,
et pour la France, et pour l'Europe, et pour
vous-mêmes; pensez à vos devoirs envers la
France, à l'influence de ses exemples sur l'Europe, à l'honneur même de la Chambre, et
faites qu'elle ne reçoive du dehors ni leçons ni
reproches.

Je propose comme amendement, 1°. que le
concours soit ouvert entre les électeurs dans
les colléges d'arrondissement, 2°. que là où le

nombre des électeurs n'est pas suffisant pour le concours; il soit, comme il a été fait en Corse, ouvert à un nombre suffisant de contribuables au-dessous de 3oo fr.

~~~~~~

OPINION

Sur le projet de loi relatif aux Journaux.

Séance du 28 janvier 1817.

MESSIEURS,

La Charte dit, article 8 :

« Les François ont le droit de publier et de
» faire imprimer leurs opinions, en se confor-
» mant aux loix qui doivent réprimer les abus
» de cette liberté ».

Est-ce que les François, et même tous les
peuples lettrés, n'avoient pas toujours joui de
cette liberté? Est-ce que des milliers de livres
copiés avant l'invention de l'imprimerie, et
des millions de livres imprimés depuis cette
découverte; est-ce que d'immenses édifices,
vastes cimetières de l'esprit humain, depuis la
Bibliothèque d'Alexandrie jusqu'à la Bibliothèque royale, bâtis tout exprès pour renfer-

II. 19

mer des livres, et qui déjà ne suffisent plus
à les contenir, n'attestent pas assez que les
hommes ont toujours et partout joui de la
pleine faculté de raisonner et de déraisonner?

La Charte ne nous a donc rien accordé que
nous n'eussions déjà : elle a voulu seulement
qu'il fût porté une loi spéciale et définitive,
pour réprimer les abus d'une liberté qui existoit avant elle ; et c'est précisément ce que
nous avons oublié de faire.

Il faut rappeler ici les loix anciennes sur la
publication des écrits.

Quand on eut inventé l'art de les multiplier
sans mesure et à peu de frais, les gouvernements sentirent qu'ils ne pouvoient pas plus
laisser tout particulier indistinctement maître
de publier des doctrines, que de fondre des
canons, ou de débiter des poisons; mais qu'ils
devoient permettre l'exercice légitime de la faculté d'écrire, comme ils permettent l'usage
des armes défensives et la vente des substances
salutaires.

Un seul moyen se présentoit : il étoit indiqué par le bon sens, et l'on n'avoit pas encore

acquis, à force d'esprit, le triste privilége de mépriser les inspirations du sens commun.

Tout auteur prudent et sage consulte un ami avant de publier un ouvrage. Le gouvernement, ami de tous les honnêtes gens et de toutes les bonnes choses, dit aux écrivains : « Vous me consulterez comme un ami, avant » de publier un ouvrage qui peut contrarier les » doctrines publiques dont je suis le déposi- » taire et le gardien. Je nommerai des hommes » éclairés et vertueux, à qui vous confierez » votre manuscrit. Ils seront à la fois vos con- » seils et vos juges, et vos juges naturels, puis- » qu'ils sont vos pairs; ils vous indiqueront » ce qu'il faut retrancher de votre ouvrage, ce » qu'il faut y ajouter, et pourront en permettre » ou en défendre l'impression, dans l'intérêt » de la société, et surtout dans le vôtre ».

L'orgueil, et le plus violent de tous, comme le plus insensé, l'orgueil des doctrines, auroit pu seul se révolter contre une mesure si sage à la fois et si paternelle; mais alors les lettres étoient plus modestes: la censure fut donc établie, et le beau siècle littéraire qui s'ouvrit

sous ses auspices justifia hautement la sagesse
de ce règlement.

Cependant la famille anti-catholique et anti-
monarchique, dont les trois générations successives, sous trois noms différents, aux 16ᵉ, 17ᵉ
et 18ᵉ siècles, s'étoient réfugiées en Hollande,
inondoit, à toutes ces époques, la France et
l'Europe, tantôt de sa triste et amère contro-
verse, tantôt de ses libelles impies et licencieux.
Ils étoient saisis à la frontière, et ne circuloient
qu'avec peine et danger. A la fin, un cri de
liberté de la presse se fit entendre, et il retentit
d'un bout de l'Europe à l'autre, répété par de
nombreux échos. On appeloit alors la liberté
d'écrire du nom captieux et sophistique de *liberté de penser*; et ceux même à qui la nature
avoit le plus complètement refusé cette liberté,
n'étoient pas les moins ardents à accuser le
gouvernement d'en gêner l'exercice. Plus tard,
avec plus de raison et de bonne foi, on déve-
loppa toute sa pensée, et on réclama hautement
la liberté d'écrire et de publier ses pensées par
la voie de l'impression; et la liberté illimitée de
penser et d'écrire devint un axiome du droit

public de l'Europe, un article fondamental de toutes les constitutions, un principe enfin de l'ordre social.

Lorsqu'il s'élève dans la société une question importante, et qu'un principe nouveau s'y introduit, on peut être assuré qu'il a une cause profonde et naturelle, moins dans la disposition des esprits que dans la situation générale des choses, et qu'il est un besoin de la société plutôt qu'un système de l'homme.

On n'eût pas songé à agiter la question qui nous occupe au siècle du bon sens, qui fut aussi celui du génie, à cette brillante époque du développement de l'esprit en France, lorsque la presse n'enfantoit que des chefs-d'œuvre. On étoit alors plus jaloux de l'honneur de la presse que de sa liberté, et la liberté de tout dire n'eût paru aux Bossuet, aux Fénelon, aux Pascal, aux La Bruyère, ni moins sauvage ni moins absurde que la liberté de tout faire. On ne se fût pas reposé du danger d'une publication illimitée, sur la suppression tardive d'un écrit devenu plus célèbre et plus recherché par la défense de le lire; et le châtiment même de son auteur n'eût été, aux yeux de ces hommes graves, qu'une réparation bien insuffisante du mal que ses ouvrages avoient fait à la société.

Cette opinion sévère étoit conséquente à l'état des choses et à la situation des esprits. On savoit alors, parce que l'on croyoit. On savoit en religion, en morale, en politique, en science des loix et des mœurs, en science de la société. On marchoit avec sécurité au grand jour de l'autorité et de l'expérience, et l'on n'avoit garde de demander à l'homme des lumières qui se trouvoient toutes dans la société.

Autres temps, autres idées. On n'a plus rien su, puisqu'on a douté de tout. On a douté en religion, en morale, en politique, même en principes de littérature et de goût. On a douté de tout ce que les meilleurs esprits avoient cru savoir, et de l'existence de l'esprit lui-même; alors on a demandé des lumières à l'homme, parce qu'on n'en reconnoissoit plus dans la société. Après avoir rejeté l'expérience, il a fallu tenter des épreuves; et, dans cet aveuglement général, on a de toutes parts appelé la vérité qui éclaire les esprits, comme on demande des

lumières pour remplacer le jour, quand la
nuit est venue.

C'est là, n'en doutez pas, la raison profonde
de cette fureur de liberté de penser et d'écrire,
qui a saisi tous les esprits, il y a près d'un
siècle. Cette liberté est donc aujourd'hui aussi
conséquente à l'état actuel des hommes et des
choses, qu'elle eût paru, il y a deux siècles,
superflue et déraisonnable. Aussi les gens les
plus sages ne disputent que sur le plus ou le
moins de liberté qu'il convient d'accorder à
la publication des écrits : ainsi les hommes
obéissent, sans le savoir, à l'impulsion que leur
donne la société, même lorsqu'ils croient ne
suivre que l'impulsion de leur propre raison.

Cependant cet appel fait aux esprits éclairés
a été entendu, et n'a pas été sans succès : ne
nous faisons pas les détracteurs de notre siècle;
assez de reproches lui seront faits par la postérité. Les vérités morales ont été l'objet d'un
débat solennel : si quelques-uns ont tout gagné
à les combattre, d'autres, plus heureux, ont
tout perdu en les défendant; mais enfin la
vérité, sur beaucoup de points, est sortie vic-

torieuse de cette terrible lutte; car, chez un
peuple lettré, une révolution n'est autre chose
que la société en travail pour enfanter la vérité.
Combien de faux principes dont on n'ose plus
parler, qui étoient reçus encore au commencement de nos troubles, comme des dogmes
politiques, et sur lesquels ceux qui provo-
quoient si hardiment la discussion, demandent
aujourd'hui le silence? On ne tient plus qu'aux
résultats. L'enthousiasme ne dira plus : « Pé-
» rissent les colonies plutôt qu'un principe ! »
Les intérêts diront long-temps : « Périsse l'État
» tout entier plutôt qu'une conséquence ! »

Ceux même qui, faute d'attention ou de
lumières, n'ont pas encore ouvert les yeux à
la vérité, reconnoissent du moins l'erreur. Un
cri général de réprobation s'est élevé, d'un bout
de l'Europe à l'autre, contre ces doctrines irréligieuses et impolitiques, qu'elle accuse de tous
ses malheurs; et il a alarmé les présomptueux
architectes qui, sur la foi et sous la caution de
ces doctrines, ont pris la société à démolir,
pour avoir l'honneur et le profit de la recon-

struire : téméraire entreprise, et dont ils ne
pouvoient garantir que la moitié !

On ne redoute plus aujourd'hui la publication nouvelle de grands ouvrages sur ces hautes
matières. Peu d'hommes ont le courage d'en
faire, et moins encore, la patience de les lire.
D'ailleurs l'erreur, si habile à varier ses formes,
n'a qu'un fonds bientôt épuisé ; et elle tourne
toujours dans le même cercle. La vérité, au
contraire, plus uniforme dans ses moyens, est
infinie dans ses développements, qu'elle proportionne aux besoins de la société et aux
progrès des esprits. Nous vivrons donc désormais sur les *OEuvres complètes* des philosophes
du dernier siècle. Ils ont tout dit, et l'on ne
dira pas mieux. On se bornera à réimprimer
jusqu'aux *rognures* de leurs écrits impies ou
licencieux. Je me sers des expressions d'un des
Prospectus récents de trois éditions nouvelles
des *OEuvres complètes* de cet écrivain célèbre
qui a fait honneur à notre esprit, sans doute,
mais qui a fait tant de mal à notre raison ; de
cet écrivain dont l'apothéose à ouvert la san-
glante carrière que nous avons parcourue,

« qui a fait tout ce que nous voyons, s'il n'a pas
» vu tout ce qu'il a fait », disoit son historien
au fort des désordres dont il fut lui-même la
victime. Une de ces éditions est faite dans le
format le plus portatif, et qu'on peut donner à
plus bas prix, « dans le dessein, dit l'éditeur,
» de mettre ces *Œuvres complètes* à la portée
» des moindres fortunes, d'en rendre l'usage
» plus commode, et l'acquisition plus facile ».
Hélas ! il y a aujourd'hui autre chose à mettre
à la portée des moindres fortunes, et même des
plus grandes; il y a surtout d'autres leçons à
donner aux générations qui s'élèvent, que des
poëmes licencieux et anti-françois, et d'impies
et ignobles facéties (1).

D'ailleurs, s'il ne se fait plus aujourd'hui
de gros livres, il s'en fera de petits qui con-

_____

(1) Est-ce par respect pour la Charte, est-ce en honneur
de la tolérance religieuse, qu'on réimprime des *Œuvres
complètes* dont l'auteur verse à toutes les pages le mépris
et l'insulte sur la *religion de l'État*, et prodigue à ses
nombreux sectateurs les reproches de fanatisme, d'hypo-
crisie, d'imbécillité, etc. ?

tiendront autant d'erreurs ; des esprits plus
exercés et une circulation d'idées plus rapide
permettent de généraliser les doctrines, et de
les réduire à leur plus simple expression. C'est
ainsi qu'une plus grande quantité de numéraire
et une circulation d'espèces plus active amènent
la nécessité des billets de banque. Il ne manque pas, dans toute l'Europe, de ces écrivains
nés de la fermentation de la société, oiseaux
parleurs, que la révolution a sifflés, et qui
se disent moralistes et politiques, au même
titre que les généraux romains ajoutoient à
leur nom le nom des pays qu'ils avoient ra-
vagés.

Cette même facilité, ou, si l'on veut, cette
nécessité, chez un peuple avancé, non d'abré-
ger, mais de réduire, et les besoins de la
politique moderne, ont donné naissance aux
journaux, bornés autrefois aux nouvelles de
la cour, à l'annonce des promotions de l'administration, ou au récit des faits publics,
devenus, aujourd'hui, une arène ouverte aux
discussions politiques. L'administration se réserve de resserrer ou d'étendre, à volonté, la

publicité des écrits non périodiques, en défendant aux journaux de les annoncer, ou en
le leur permettant ; mais elle place les journaux eux-mêmes sous la surveillance spéciale
de l'autorité.

Cette distinction est conséquente aux idées
dominantes sur les effets de la liberté de la
presse. On ne croit pas assez à la puissance
des écrits non périodiques, et on exagère outre
mesure la puissance actuelle des journaux.

Pour moi, je crois au contraire à la puissance constante et durable des écrits non périodiques, que j'appellerai simplement *écrits*,
et beaucoup moins à la puissance actuelle des
écrits périodiques, que je comprends tous sous
le nom de journaux. J'en dirai tout à l'heure
la raison ; mais puisqu'on exalte à ce point la
puissance des journaux, puisqu'on en fait une
sorte de ministère public de l'erreur ou de
la vérité ; puisqu'en un mot, on y attache un
si grand intérêt politique et moral, pourquoi
ne créeroit-on pas, près des tribunaux ordinaires, et à Paris, quartier-général de cette
armée de journalistes, un ministère public,

un magistrat, substitut spécial, en cette partie,
du procureur-général ou du procureur du roi,
dont la fonction particulière seroit de poursuivre les délits dont les journalistes pourroient
se rendre coupables contre l'ordre public seulement, et de provoquer leur condamnation à
des peines pécuniaires ou même afflictives, suivant la gravité du délit? Pourquoi n'assujetti-
roit-on pas les journalistes à un fort cautionnement qui garantiroit, non-seulement le
payement des amendes auxquelles ils pourroient être condamnés, mais encore leur éducation littéraire, leur connoissance et leur indépendance?

Ainsi, comme il seroit raisonnable d'établir
une censure préalable pour les écrits, parce
qu'une fois qu'ils sont imprimés à grands frais,
il est impossible d'en empêcher la circulation,
et qu'on s'expose à ruiner un auteur qui aura
péché par erreur plutôt que par malice, il est
raisonnable aussi de réprimer les délits des
journaux par les voies judiciaires, parce que
leur publication journalière à heure fixe, et
leur multiplicité, ne permettent guère un exa-

men approfondi de leurs articles, et que l'obstination d'un journaliste à présenter tous les jours à la censure des articles dangereux, triompheroit tôt ou tard de la rigidité du censeur et lasseroit sa patience. Je préfère donc, pour les journaux, la répression légale à la surveillance administrative. Je crois même que ce système de surveillance est faux et dangereux quand on veut le substituer à l'action de la loi. L'autorité surveille pour n'être pas obligée de punir, et je crois, au contraire, qu'elle devroit punir, et même avec sévérité, pour n'être pas obligée de tant surveiller. La surveillance est aussi incommode à celui qui l'exerce qu'à celui qui y est soumis. Elle dégénère toujours en une guerre de ruse et d'adresse entre le surveillant et le surveillé, qui tourne rarement au profit de la société. L'administration, en général, doit laisser les rigueurs à la justice, et ne se réserver que les bienfaits.

Je crois qu'on exagère la puissance actuelle des journaux. On a sans cesse présente leur influence dans les premiers temps de la révolution, lorsque, pour la première fois, ils se

mêlèrent tout à coup aux discussions politiques
auxquelles des *Comptes rendus* de quelques
ministres nous avoient initiés. Mais, même à
cette époque, les journaux séditieux n'auroient
exercé aucune influence, s'ils n'eussent trouvé
les esprits préparés à la recevoir par un
demi-siècle de lectures plus sérieuses, et d'en-
gouement pour des ouvrages dont les journaux
n'étoient alors qu'une traduction à l'usage du
peuple. Les décrets impolitiques de l'assemblée constituante avoient bien plus d'influence
que les journaux, qui n'en étoient que les
échos, et comme les étincelles d'un grand in-
cendie. Aujourd'hui le phlogistique est éva-
poré, et même les *dîmes* et les *droits féodaux*
perdent de jour en jour leur crédit. Les intérêts pour lesquels des malveillants voudroient
encore remuer le peuple ne sont pas généraux,
ne sont pas même les siens; et peut-être ris-
queroient-ils de compromettre à la fin, dans
des agitations populaires, ce qu'on veut sauver. On s'est, d'ailleurs, et plus qu'on ne
pense, familiarisé avec les journaux, et ils ont
même ce genre d'utilité que le dernier gouver-

nement avoit très-bien senti, qu'ils contentent
à peu de frais les partis, qui ne se croient pas
perdus tant qu'ils peuvent parler. C'est une
illusion qu'il faut laisser aux craintes et aux
espérances; c'est une issue à des matières en
fermentation, qu'il ne faut pas fermer; et s'il
y a de l'avantage à diriger secrètement et presque imperceptiblement les journaux vers un
certain but, il y a peu et très-peu d'adresse à
emboucher la trompette législative pour annoncer que désormais il ne s'imprimera rien
que sous le bon plaisir de l'autorité; et depuis
vingt-cinq ans, nous avons été accoutumés à
une liberté plus entière ou à une prohibition
mieux déguisée.

Sans doute les journaux peuvent égarer les
esprits, tant que les esprits cherchent une
route; mais quand ils en ont pris une, et que
les opinions politiques ont distingué les partis,
il n'y a plus de transfuges; chacun a ses journaux et n'en lit pas d'autres. Alors, bons ou
mauvais, les journaux ne trouvent plus personne à égarer ou à ramener. C'est là que nous
en sommes, et depuis long-temps. Les opinions

politiques de 89 sont absolument les mêmes,
et des deux côtés; et nous aussi, nous aurons
des *Wighs* et des *Torys*. Laissez - nous tels,
puisque vous nous avez faits ce que nous
sommes; ce sont des opinions modérées, et
qu'on peut soutenir sans danger. Assurément
aucun journal, en présence de la justice et de
la police, ne défendra celles de 93, pas plus
qu'il ne rappellera l'usurpateur. L'essai que
l'on fit, avant le 20 mars, d'une loi de surveillance sur les journaux ne fut pas heureux:
le Censeur fut un volume au lieu d'être une
brochure; *le Nain jaune* ne fut pas moins
audacieux, et dans ses prophétiques révélations il osa annoncer, à jour fixe, jusqu'au
débarquement à Cannes.

C'est précisément l'inutilité de la loi qui fut
portée alors, si même elle ne fut qu'inutile,
qui me fait penser aujourd'hui qu'une puni-
tion sévère infligée par les tribunaux à ces
factieux auteurs, eût été bien plus efficace que
cette mesure dérisoire, qui ne coûtoit à l'auteur que de réunir sous une même enveloppe
cinq à six pamphlets bien séditieux, et en faire

vingt feuilles qui échappoient à la censure des
écrits périodiques.

Les journaux laissés aux spéculations particulières, et, comme tous les autres actes des
citoyens, soumis, en cas de contravention, aux
poursuites judiciaires, n'ont aucun danger réel,
parce qu'ils n'ont aucune influence légale;
mais ils peuvent exercer cette influence légale,
si, placés par une loi expresse sous la surveillance immédiate de l'autorité, ils peuvent être
regardés comme écrits sous la dictée de l'administration, et dans ses intentions; et alors
il convient d'examiner s'il entre dans la nature
du gouvernement représentatif d'ajouter ce
pouvoir à tout celui dont les ministres dis-
posent.

L'exemple de l'Angleterre et les variations
que nous voyons subir à la majorité et à la
minorité de ses Chambres, nous ont accoutumés à regarder comme un système un parti
d'opposition qui est réellement une nécessité.

C'est d'abord une nécessité naturelle; car
dans toute assemblée délibérante, la seule di-
versité naturelle des esprits produit une di-

versité d'opinions, qui existe partout où il y a
deux hommes qui délibèrent ensemble, même
deux hommes de bien; et il n'y a pas de doute
que si, dans une chambre législative, la minorité venoit à se retirer, il ne se formât
bientôt un parti d'opposition dans le sein de
la majorité même.

C'est encore une nécessité politique; car
cette opposition doit être plus marquée et plus
opiniâtre, à mesure que les intérêts sont plus
grands et plus publics; et elle doit exister
dans les conseils législatifs des gouvernements
représentatifs, bien plus que dans tous les
autres conseils et les autres gouvernements,
parce que ces conseils y sont plus nombreux,
que tous les intérêts publics y sont plus solennellement débattus, et enfin et surtout parce
que le gouvernement représentatif est celui qui
donne le pouvoir d'exécution le plus étendu à
un moindre nombre de personnes, et qui le
leur confère à des conditions qui leur laissent
la plus grande facilité d'en abuser.

Ces conditions sont la responsabilité. La
responsabilité légale est en effet le caution-

nement de l'emploi. Le comptable peut jouer
ses fonds tant qu'il ne compromet que son
cautionnement ; et effectivement la mesure
légale du pouvoir du ministère ne peut être
que la valeur qu'il attache à ce *cautionnement*
personnel, valeur qui diminue à mesure que
les mœurs publiques sont plus dépravées, et
que les principes politiques et religieux ont
été plus ébranlés. De là vient que les Anglois
n'ont jamais défini ni précisé la responsabilité
ministérielle : ils l'ont laissée dans le vague,
comme le cautionnement d'un comptable
suspect qu'on se réserveroit de fixer au moment que le *déficit* seroit connu.

L'occasion se présentera peut-être de donner à cette définition de la responsabilité ministérielle tout le développement dont elle
est susceptible ; mais nous en avons dit assez
pour les hommes qui réfléchissent, et le sujet
que nous traitons n'en demande pas davantage.

Or, que, dans cet état de choses, les représentants d'une nation, chargés de stipuler les
droits et les garanties de la liberté civile et po-

litique, confèrent, par une loi, à des hommes
déjà armés du terrible droit d'emprisonner à
volonté tout citoyen qui leur sera suspect, le
droit plus étendu et plus dangereux d'étouffer
toûte pensée qui leur sera odieuse ; et qu'ainsi
les ministres, au droit qu'ils ont d'agir seuls,
ajoutent le droit de parler tout seuls ; c'est en
vérité ce que je tremblerois d'accorder comme
législateur, même quand je croirois, comme
citoyen, la mesure utile ; et je craindrois de
compromettre par ce dangereux exemple la
sûreté générale et future de l'État, en voulant
lui ménager une tranquillité locale et tem-
poraire ; et ce roi que la fable nous représente
tenant tous les vents à ses ordres, pouvoit
exciter moins de tempêtes qu'un ministère
investi de tout pouvoir sur les corps et sur les
esprits.

Sans doute il y a eu dans tous les temps,
et sous tous les gouvernements, des mesures
arbitraires sur les personnes et sur les écrits ;
mais lorsque, pour prévenir ces abus, vous
portez des loix qui consacrent et légalisent
l'arbitraire, ne faites-vous pas comme ceux

qui permettent le divorce pour empêcher
l'adultère? Vous faussez la règle, pour re-
dresser l'homme; vous placez l'arbitraire dans
la loi, pour qu'il ne se trouve plus dans la
volonté de l'homme; et pour tranquilliser la
conscience du ministre, vous corrompez la
législation de l'État : je n'en vois pas l'avantage. L'homme injustement arrêté ou injustement poursuivi pour un écrit, pouvoit se
plaindre du ministre; mais quel recours lui
laissez-vous contre la loi? Vous pouvez poursuivre le journaliste libre; comment poursui-
vrez-vous le journaliste autorisé, si quelque
chose échappe à l'attention des agents de la
police? C'est trop à la fois que l'arbitraire de
la loi ajouté à l'arbitraire inévitable des volontés de l'homme; cet excès de pouvoir ne
me semble pas nécessaire; et je croirois trouver au moment du danger, dans une nation
moins enchaînée, l'esprit public et l'énergie
nécessaires pour le repousser; et dans le texte
des loix ordinaires, l'esprit de toutes les mesures, même extraordinaires, que nécessite-
roient les circonstances. Il est peut-être moins

difficile qu'on ne pense de gouverner les
hommes ; il suffit, et nous en avons fait une
fatale expérience, il suffit d'avoir une volonté
positive appliquée à un but certain et légitime ; mais malheureusement on aperçoit dans
toute l'Europe une politique *négative* qui sait
très-bien ce qu'elle ne veut pas, et ne sait pas
ce qu'elle veut.

Et voyez, messieurs, la différence de la
liberté laissée aux journalistes, ou plutôt de
l'indifférence légale des journaux, à l'état de
ces mêmes journaux placés par une loi sous la
surveillance et à la garde de l'autorité. Les
ministres assurément ne peuvent pas lire eux-
mêmes les vingt journaux qui paroissent tous
les matins. Obligés de s'en rapporter sur ce
point, comme sur tant d'autres, à leurs agents,
oseroient-ils assurer qu'ils méritent plus de
confiance, et offrent, même dans leur intérêt
personnel, plus de garantie que les journalistes propriétaires de leurs journaux, tous
hommes de lettres plus ou moins connus, et
parmi lesquels se trouvent, dans toutes les
opinions, des noms honorables ? Les agents

secondaires de l'administration n'ont-ils pas aussi leurs opinions, leurs préférences et leurs inimitiés; et lorsqu'on craint tout des passions des uns, n'a-t-on rien à craindre des passions des autres?

Et avez-vous, messieurs, fait une attention suffisante au caractère officiel et solennel que votre loi va donner aux journaux? Tout ce qu'ils diront émanera de l'autorité, et la voilà responsable de toutes les fausses nouvelles, de toutes les fausses doctrines, de tous les faux jugements, de toutes les attaques personnelles, de toutes les erreurs, en un mot; et de toutes les sottises sans lesquelles on pourroit bien faire un journal, mais sans lesquelles on ne fera jamais trente journaux. L'attaque aux talents, à l'amour-propre, quelquefois aux mœurs et à la conduite des particuliers, y prend dès-lors un caractère grave et peu paternel qui ne sied pas à l'autorité; et la vanité, si habile à tirer parti, même de ce qui l'afflige, se croira l'objet de la haine personnelle, peut-être de la jalousie d'un ministre. Un homme d'esprit, et qui combat hors de nos rangs, remarquoit avec raison, il y a deux ans, en traitant les mêmes questions, le danger pour la politique extérieure de cette *mainmise* légale de l'autorité sur les journaux, qui deviennent dès-lors des échos officiels de toutes les dispositions, de tous les projets du gouvernement; et pense-t-on, par exemple, que si le gouvernement avoit, par une loi spéciale, mis les estampes sous sa surveillance, il eût dû souffrir ces caricatures qui tapissoient, il y a deux ans, nos boulevards, et auxquelles les étrangers, qui en étoient l'objet, n'ont avec raison fait aucune attention, pas plus que nous n'en faisons nous-mêmes aux farces qui se jouent à Londres à nos dépens?

Je n'ai considéré les journaux que dans l'intérêt de l'autorité; si je les considérois dans l'intérêt de la nation, je demanderois si, lorsque le gouvernement peut tout contre le citoyen, il ne doit pas laisser au citoyen quelque abri contre un pouvoir si illimité. On a, ce me semble, assez donné aux craintes bien ou mal fondées, en suspendant la liberté individuelle; il y auroit, je crois, excès de

précaution à demander encore la suspension
de la liberté de se plaindre au public des abus
que, sous les ministres même les plus vertueux, peut entraîner le droit arbitraire d'arrêter et de détenir, aujourd'hui surtout que
la multiplication prodigieuse des subalternes
dans toutes les administrations, après vingt-
cinq ans d'événements, qui ont mis tant
d'hommes aux prises les uns avec les autres,
ouvre tant de portes à la délation et à la haine.
Je demanderois si l'intérêt de la nation n'est
pas que les ministres soient éclairés, et s'ils
doivent fermer eux-mêmes la seule voie par
laquelle l'opinion véritablement générale peut
arriver jusqu'à eux, comme l'a bien fait sentir
un de nos honorables collègues dans un discours aussi solide qu'il est ingénieux. Je demanderois s'il y a réellement beaucoup à
craindre des journaux, aujourd'hui qu'ils sont
devenus presque la seule lecture des honnêtes
gens, et que les écrivains les plus estimables
ne dédaignent pas d'y travailler. Sans doute ils
écrivent les uns et les autres dans des principes différents ; c'est un malheur inévitable ;

et qui a sa source dans l'opposition des deux
principes monarchique et républicain du gouvernement représentatif, que chacun, suivant
son opinion, cherche à entraîner de son côté.
Heureuse la nation, dans de telles circonstances, où ce combat n'a pour champ de
bataille que les journaux! L'opposition armée
n'a cessé en Angleterre que depuis qu'elle est
devenue littéraire. L'opposition des journaux
amuse les partis et trompe les haines. Une
nation vive et spirituelle a besoin de cet aliment qu'entretient l'autorité elle-même lorsqu'elle donne ou permet l'éducation littéraire
à un si grand nombre de jeunes gens; et qu'on
est heureux, à ce prix, de pouvoir contenter
un peuple qui s'est contenté de tant de choses
avec un bon mot et des chansons!

Je crois donc la répression judiciaire des
journaux préférable à la surveillance administrative. Je voudrois que la justice fît la police,
et non que la police fît la justice. Je m'en fie-
rois plutôt à un magistrat qu'à des commis; et
une forte amende une fois payée avertiroit le
journaliste d'être sage, plus efficacement que

les refus d'un subalterne rigoureux un jour,
indulgent un autre, et qui blesseroit sans corriger. La police met à l'individu les fers aux
pieds et aux mains : la justice trace autour de
lui un cercle qu'elle lui défend de franchir.
L'homme n'est pas libre sous l'action de la
police, il est libre sous l'action de la loi ; et la
liberté est assurée tant que la justice est satisfaite.

Dans la discussion qui nous occupe, messieurs, nous n'avons parlé que du mal qu'ont
fait les journaux, et nous avons oublié le bien
dont nous leur sommes redevables ; nous leur
devons, et plus qu'on ne pense, ce qui s'est
conservé en France, de saines doctrines politiques, religieuses, morales, philosophiques,
littéraires. En général, je crois peu à la puissance du mal, qui n'est fort que de notre foiblesse ; et beaucoup, au contraire, à la puissance du bien, qui nous communique, quand
nous ne la repoussons pas, la force irrésistible
de l'ordre et de la vérité. Et la révolution elle-
même, qui est le mal absolu *élevé à sa plus
haute puissance*, est aussi foible quand on

l'attaque, qu'elle est forte quand on la craint.

Je remarquerai d'abord que tous les journaux employés à grands frais par tous les gouvernemens qui se sont succédés, n'ont pu, malgré leur influence, en soutenir aucun, et que les journaux opposés que la tyrannie a contrariés, tantôt à force ouverte, tantôt plus secrètement, ont vu, ont fait à la fin triompher la cause qu'ils ont constamment défendue. Sans doute les feuilles de Carra, de Marat, de Gorsas, qui étoient des journalistes comme les tribunaux révolutionnaires étoient des cours de justice, ont égaré les classes inférieures de la société, en leur expliquant plutôt des intentions qu'elles ne pouvoient soupçonner, que des décrets qu'elles n'entendoient que trop bien; mais la partie la plus éclairée de la nation qui auroit pu être séduite par des motifs plus spécieux, fut retenue dans les bonnes doctrines par d'autres journaux qui parurent à cette époque, et parmi lesquels *le Mercure*, alors rédigé par M. Mallet du Pan, tint le premier rang. Alors aussi les hommes les plus distingués dans les lettres ne dédaignèrent pas d'écrire daus les journaux, et y défendirent avec courage les principes conservateurs des sociétés. Peu préparés alors à cette violente attaque, nous devons tous, tant que nous sommes ici, nous devons peut-être à ces écrits d'avoir été préservés de la contagion générale; et d'autres qui ne lisent pas, le doivent aussi aux exemples que nous leur avons donnés. Dès-lors une succession non interompue de journaux amis de l'ordre a entretenu le feu sacré; ils l'ont entretenu, par ce qu'ils disoient et même par ce qu'ils ne disoient pas, lorsque, forcés de se taire ou même de parler, ils lais-soient apercevoir leurs opinions particulières sous la transparence des opinions commandées. C'est cette opposition constante qui a conservé toutes les bonnes doctrines, qui ont à la fin prévalu; car il faut remarquer, à l'honneur de l'esprit national, que ces journaux sont les seuls qui aient joui d'une vogue constante, tandis que les autres n'ont pu se soutenir même avec les secours du gouvernement; en sorte que l'on peut dire que le public a fait ces journaux plus encore que les journaux n'ont formé le public, *parce que les journaux exprimen l'opinion et ne la font pas :* réflexion juste et profonde, que je rends à M. de Brigode à qui elle appartient, et qui suffiroit à décider la question qui nous occupe.

C'est moins en France que partout ailleurs qu'il faut s'étonner de ce concours des écrits et des opinions, puisqu'à une époque où les connoissances littéraires étoient bien moins répandues, la satire *Menippée* valut pour Henri IV plus que le gain d'une bataille.

D'ailleurs, si les hommes appelés aux conseils du souverain sont tous des gens habiles, les gens habiles ne sont pas tous dans les conseils; et ceux-ci, placés à une juste distance des objets, ni trop haut, ni trop bas, peuvent savoir bien des choses qui échappent à l'attention ou à la préoccupation des hommes en autorité, et leur dire par la voie des journaux d'utiles vérités qu'ils ne voudroient pas enfouir dans les cartons d'un bureau, ni soumettre à la censure d'un commis, et ils craindroient surtout que cette surveillance, exercée légalement sur les journaux, n'ôtât à leurs avis un caractère d'entière indépendance.

Je conçois qu'au premier instant d'une explosion, les déclamations des journaux aient quelque danger, mais je craindrois qu'à la longue, et lorsqu'on a à lutter contre des causes secrètes de désordre, leur silence ne fût plus dangereux encore. L'État, si l'on veut, peut être troublé par ce que peuvent dire les journaux, mais il peut périr par ce qu'ils ne disent pas. Je connois un remède très-efficace contre leurs exagérations ou leurs impostures, je n'en connois aucun contre leur silence.

L'Angleterre a vu le danger, et a voulu s'en préserver, en posant en loi la libre circulation des journaux comme la sauvegarde de l'État; et elle n'a pas cru que ce fût trop du public tout entier, dont les journaux sont les sentinelles, pour servir de contre-poids au pouvoir immense d'un ministère responsable. Elle a sacrifié à ce grand intérêt public l'honneur et les intérêts des particuliers; la calomnie, devenue en quelque sorte constitutionnelle, a perdu de son caractère offensatif et personnel;

et ils ont pu en évaluer en argent la réparation. Je suis loin de désirer qu'une pareille
indifférence s'établisse en France; mais enfin
il faut prendre un gouvernement tout entier,
et, en profitant de ses avantages, se résigner
à ses inconvénients.

Je me résume : j'aurois désiré la censure
préalable pour les écrits qui seuls ont une
puissance constante et durable; et la libre circulation des journaux, dont l'influence passa-
gère peut être réprimée, en cas de délit, par
un fort cautionnement imposé aux journalistes, et par les jugements des tribunaux provoqués par une magistrature spéciale. On a
caché dans une loi en apparence réglémen-
taire la question de la liberté de la presse, relativement aux écrits non périodiques, qui auroit dû être traitée conjointement avec celle
qui nous occupe en ce moment. Nous aurions
pu faire sur cet objet important une loi complète et définitive; et lorsqu'il nous faudroit
construire un édifice où tout le monde pût être
à l'abri, je regrette que nous ne fassions jamais

que dresser des tentes où quelques-uns seulement peuvent trouver place.

C'est dans ces principes que j'avois, il y a deux ans, écrit sur la liberté de la presse ; et ceux qui seroient tentés de m'accuser de contradiction, peuvent y voir que je ne traite que des écrits, et que je ne nomme pas même une seule fois les journaux. Ces mêmes principes, je les avois exposés, il y a vingt ans, dans la *Théorie du Pouvoir*, et d'une manière dont l'homme le plus *libéral* se feroit honneur ; opinion alors d'autant plus libre, que j'écrivois dans le pays de la liberté ; d'autant plus désintéressée que, proscrit alors et dépouillé, je pouvois en accuser cette même liberté d'écrire que je réclamois, toutefois avec les précautions que le respect pour les vérités les plus nécessaires aux hommes rend indispensables.

Au reste, messieurs, ne vous étonnez pas, félicitez-vous plutôt que la liberté des personnes et celle des écrits, même s'il paroissoit nécessaire d'en restreindre l'usage, aient trouvé parmi vous des défenseurs. Si, par respect pour l'humanité, la loi donne d'office des dé-

fenseurs aux plus vils et aux plus coupables des
hommes, la liberté n'en trouveroit-elle pas,
cette juste et légitime liberté dont tous les citoyens doivent jouir, et qui est, non pas une
condition d'un prétendu contrat, mais la nature même de l'homme et la raison de la société?
Cette considération d'un ordre élevé n'a pas
échappé au rapporteur de votre commission
sur la liberté individuelle, aujourd'hui président de votre chambre; il devoit en sentir le
prix, et nous devions, nous, j'ose le dire, à
la dignité de l'homme et à celle des fonctions
que la société nous a imposées, de donner ce
témoignage, le dernier peut-être, de regrets et
de douleur pour le sacrifice que le gouvernement nous demande.

Forcé de diviser une question qui auroit dû
être indivisible, j'aurois demandé la censure
préalable pour les écrits non périodiques; et
je demande la libre circulation des journaux
avec ces amendements : 1°. que les journalistes
seront soumis à un cautionnement; 2°. qu'ils
seront poursuivis devant les tribunaux par un

magistrat spécial, pour les délits dont ils
pourroient se rendre coupables. Je vote en
conséquence pour le rejet de la loi, comme
insuffisante.

_____

OPINION

Sur le Cadastre.

Séance du 28 février 1817.

MESSIEURS,

Dans tous les temps, la famille n'a pu donner à l'État que ce qu'elle est et ce qu'elle a, l'homme et les produits de la terre.

Dans l'origine des sociétés, l'homme offroit lui-même son service; il offroit volontairement les produits de ses travaux agricoles, et, dans le dernier état des sociétés, en France, le service de l'homme étoit volontaire; le don des impôts, dans une partie du royaume et pour une partie des citoyens, étoit fait sous la forme de don gratuit, car la France étoit, de tous les pays de l'Europe, celui qui avoit le plus retenu des institutions naturelles de la société.

Ces formes modestes et modérées arrêtoient l'esprit d'envahissement. Elles ne pouvoient

convenir à la fureur des conquêtes, qui saisit
tout à coup la France à l'instant qu'elle devint
république ou populaire ou militaire. Tout
devint forcé sous l'empire de la force et pour
l'usage de la force. De peur que quelque personne, même la plus infirme, n'échappât au
service, que quelque coin de terre, même
abandonné, n'échappât à l'impôt, le despotisme
ordonna à la fois la conscription générale des
hommes et la conscription générale des terres.
C'est cette dernière opération qu'on appelle
cadastre. Toutes les terres, tous les hommes
furent donc soumis à la toise, et la France se
couvrit de recruteurs et de géomètres.

Il est à regretter, sans doute, qu'on ne puisse
établir le seul impôt sur les terres qui, sans
arpentage, sans expertises, sans évaluations,
sans écritures, se proportionne de lui-même,
et de la manière la plus exacte, aux trois conditions nécessaires de toute production territoriale, la qualité du sol, l'industrie de l'homme
et l'état des saisons, et qui, exigé sans rigueurs,
est acquitté à beaucoup moins de frais. Je veux
parler de l'impôt en nature de denrées, contre

lequel on ne peut faire qu'une objection raisonnable, à laquelle on peut opposer une réponse
péremptoire. Cet impôt, au reste, étoit pratiqué
avec succès en Provence, où les communes
étoient libres d'acquitter de cette manière ou de
tout autre qui convenoit mieux à leurs intérêts,
la part de contribution qui leur étoit assignée
par les états de la province. On avoit même remarqué que les communes obérées préféroient
l'impôt en nature et opéroient plus facilement
leur libération au moyen de cet impôt, qui,
du reste, avec la division actuelle des terres
en France, qui mettent toutes les denrées dans
les mains des particuliers, auroit l'avantage de
mettre dans celles du gouvernement une assez
grande quantité de subsistances pour pouvoir,
dans les années de cherté, en modérer le prix.
Mais puisque le luxe et les besoins urgents des
États modernes, toujours aux expédients pour
avoir de l'argent, ne permettent pas de penser
à un mode d'impôt qui seroit préféré du pauvre,
il ne reste qu'à examiner quel est, dans la situation où nous nous trouvons, le meilleur parti
à prendre relativement au cadastre.

Je ne crois pas qu'on puisse interdire à la
Chambre des députés de s'occuper du mode
de cette opération ; car ce mode est tout, et
sans doute il n'est pas indifférent à la nation,
ni à ses députés, que le cadastre soit, avec la
même somme annuellement donnée, cinquante
ans ou dix ans à être terminé ; et quel que soit
notre empressement à retourner dans nos foyers
pour y jouir de la contemplation des grandes
choses que nous avons faites, nous ne pouvons
pas abandonner une si vaste et si dispendieuse
opération à la responsabilité des bureaux, puisque les erreurs graves que l'on pourroit commettre ne peuvent pas tomber sur la responsabilité des ministres.

Il faut remarquer que ceux qui ne sont ni
géomètres ni agriculteurs, sont tout disposés
à croire que les opérations cadastrales dans
lesquelles les procédés géométriques se mêlent
à l'expertise des terres, sont d'une exactitude
rigoureuse, et qu'on obtient par ce moyen la
connoissance de la qualité des terres avec autant
de précision que celle de leur contenance et de
leurs figures. La géométrie ici fait illusion à

bien des personnes ; et il est à remarquer que la partie de l'opération cadastrale qui est déterminée avec la rigueur géométrique, est la partie la plus variable de l'opération, celle qui change continuellement, par les transactions entre les particuliers et les mutations de propriété ; que ces changements sont tels qu'il faudroit renouveler tous les vingt ans le cadastre parcellaire ; et qu'au contraire, l'autre partie des opérations cadastrales qui porte sur des éléments inconnus, ou à peu près, à l'homme, et qui tous les jours trompent non-seulement l'espérance, mais les connoissances pratiques du laboureur, je veux dire l'estimation des différentes qualités du sol ; que cette partie, dis-je, est toujours la même, et se dérobera toujours à la précision des recherches et des expertises.

Ainsi le cadastre le mieux fait ne donne qu'une connoissance incertaine, imparfaite approximative et souvent très-fautive de ce qu'il importe le plus de connoître, la qualité des terres, qui n'est jamais compensée par leur quantité.

Je peux en parler avec quelque connoissance, parce que j'ai dirigé l'administration
d'une province cadastrée depuis la fin de l'autre
siècle, et dans laquelle on fit l'essai d'un nouveau cadastre sous la direction de l'assemblée
provinciale, autre essai qui y avoit été fait par
M. Necker, car nous entrions alors dans la carrière des essais, et il le falloit bien, puisque
nous rejetions les leçons de l'expérience.

Le nouveau cadastre commencé dans la
Haute-Guyenne, autrefois la généralité de
Montauban, et qui comprend aujourd'hui les
deux départements du Lot et de l'Aveyron,
servit de modèle aux premières opérations or-
données par l'assemblée constituante.

Deux modes se présentent pour cette grande
opération. Le cadastre par masses de cultures,
ou le cadastre parcellaire; et ce qui donnera
sur-le-champ une idée de la différence des deux
méthodes, est que l'on peut faire, avec deux
cents plans de masses, un cadastre qui, avec
le mode parcellaire, exigeroit deux ou trois
mille plans.

Il semble que la première pensée de Bona-

parte sur le cadastre ait été plus juste et plus
vaste, et qu'il ait voulu commencer par le cadastre des départements. Un arrêté du 3 octobre
1802 ordonna l'arpentage et l'expertise de deux
communes au moins et de huit au plus par
sous-préfecture, « pour servir, dit un autre
» arrêté du 3 novembre de l'année suivante,
» 1803, à la répartition de l'impôt entre les
» départements ». On vouloit donc que l'estimation de la force contributive des divers départements précédât ou accompagnât l'expertise particulière des communes, puisque ce ne
fut que deux ans après, en 1805, que l'orateur
du gouvernement, en portant au corps législatif la loi des finances, proposa une contribution d'un centime et demi par franc pour
servir à la confection du cadastre général par
masse de culture de toutes les communes de la
France, car alors on ne songeoit pas au cadastre
parcellaire.

C'est donc avec raison que notre honorable
collègue, M. de Talleyrand, a proposé qu'on
régularisât la contribution entre les divers départements, au moins d'une manière provi-

soire; et je soutiens que le gouvernement a
entre les mains tout ce qu'il faut pour faire,
aujourd'hui, cette opération urgente, pour la
faire promptement, et même aussi parfaitement
qu'il pourroit l'obtenir par le cadastre, si même
il est prouvé que l'évaluation une à une de
toutes les parcelles de territoire donne le véritable produit de la richesse même territoriale
d'une province, qui se compose aussi de choses
plus générales, et de circonstances topogra-
phiques, physiques, commerciales, morales
peut-être, que la toise et le graphomètre ne
peuvent pas évaluer.

Or, en fait de connoissances de toute espèce
sur les départements, leur étendue, leur population, leur fertilité respective, leurs productions, leur commerce, leurs habitudes, etc.,
le gouvernement a bien plus que le nécessaire;
il a le superflu, et je crains qu'il ne fasse comme
ces avares qui amassent toujours et ne jouissent jamais. Et que peut-il ignorer dans ce
genre, lorsque la *statistique* la plus minu-
tieuse est devenue une science qui a ses docteurs, ses traités, ses académies, ou du moins

ses bureaux, et même ses réputations? Lorsque
j'ai lu, dans une série de quatre mille questions adressées par l'autorité supérieure, des
questions du genre de celle-ci : combien d'œufs
les poules ont-elles faits dans votre arrondissement, et quels légumes les paysans mettent-
ils dans leur soupe? Lorsque cette statistique
est devenue, en Europe, le bréviaire des hommes d'État, au point, qu'accablés par les détails, ils ont perdu un peu trop l'ensemble de
vue. Depuis long-temps le gouvernement étoit
persuadé de la nécessité de distribuer plus régulièrement et plus équitablement l'impôt
entre les diverses généralités; et avec bien
moins de connoissances acquises qu'il n'y en
a aujourd'hui, l'ancien gouvernement chercha
à corriger la répartition générale de la taille,
lors de l'établissement des vingtièmes, en im-
posant moins de ce vingtième là où il y avoit
trop de taille, et réciproquement. Je juge du
moins que cette mesure fut suivie dans la répartition générale de l'impôt foncier entre les
diverses généralités, puisqu'elle fut adoptée
dans la répartition locale de l'impôt entre les

diverses communes; et ce travail, quoique très-
imparfait à cause des nombreux priviléges des
particuliers, des corps et des provinces, pourroit ne pas être inutile aujourd'hui, et ajouteroit quelques lumières à toutes celles dont le
gouvernement peut s'entourer. Je crois donc
que cette répartition, faite par le gouvernement
sur les immenses documents dont il est possesseur, et la connoissance des choses générales
qui ne se trouvent que dans les ministères, et
faite concurremment avec celle qui résulteroit
du cadastre, pourroit conduire à une fixation
équitable et la plus approximative possible
du contingent que chaque département doit
supporter.

Je reviens au cadastre.

Le cadastre commencé dans la Haute-
Guyenne, et qui jamais, je crois, n'y auroit
été terminé, ce cadastre qui servit de modèle
aux premières opérations cadastrales ordon-
nées par l'assemblée constituante, fut parcellaire, et il devoit l'être à cause des priviléges
des terres nobles ou ecclésiastiques, qui, ayant
retenu la franchise commune autrefois à toutes

les terres avant l'établissement de la taille, payoient, les unes le vingtième noble, les autres les décimes : aujourd'hui que ces différences n'existent plus, et que la France a été divisée politiquement en quatre-vingt-cinq masses de culture, qu'on appelle départements, il est possible, il est facile, il est d'une rigoureuse analogie d'abandonner aux soins des communes le mode parcellaire du cadastre, et de ne charger l'État que du cadastre par commune, ou autrement, par masses de culture. J'aurois dû dire que le cadastre par masses de culture étoit continué depuis cinq ans; plusieurs milliers de communes avoient été déjà expertisées : on y avoit dépensé 20 millions lorsqu'il fut tout à coup suspendu par un simple arrêté, et transformé en parcellaire. Il faut aujourd'hui, je crois, revenir au premier mode : les motifs de ce changement se présentent d'eux-mêmes.

Le cadastre parcellaire à peine fini, devroit être recommencé, à cause des nombreuses variations dans la forme et la contenance des parcelles, surtout dans les pays de petite cul-

ture, où le peuple est tout propriétaire ; variations plus communes aujourd'hui que les propriétés sont beaucoup plus divisées. D'ailleurs,
et cette considération est importante, l'opération du parcellaire met les agents de l'administration cadastrale beaucoup trop en contact avec tous les propriétaires, et l'opération
n'y gagne rien, ni en promptitude, ni en
exactitude. Il s'établit entre les agents et les
propriétaires d'interminables discussions qui
se résolvent trop souvent en complaisances
pour les présents, et, par conséquent, en injustices contre les absents : ces agents, souvent
venus de loin, échappent à toute responsabilité, et sont dépourvus de connoissances locales. S'il étoit vrai, comme il le paroît, qu'il
y ait encore en France 42 millions d'arpents à
cadastrer, et qu'on suppose en général l'arpent divisé en deux ou trois parcelles, si l'on
ne peut, et sans doute pendant long-temps,
affecter au cadastre que 3 millions par an, on
est effrayé du temps et de la dépense qu'exige
l'opération du cadastre parcellaire, qui, dans
un aussi long espace, peut encore être entra-

vée par mille causes étrangères à l'opération.

L'avantage du cadastre par masses de culture est d'opérer sur des grandes portions de terrain dont les limites et les figures sont à peu près invariables, parce qu'on prend pour côtés des triangles des limites fixes, comme des villages, des chemins, des ruisseaux, des arêtes de montagnes, soit sur les hauteurs, soit dans les fonds. Les divisions sont cent fois moins nombreuses; les agents de l'opération sont beaucoup moins en contact avec les propriétaires, dont la présence leur est même inutile; l'opération pourroit se faire à moins de frais et même de temps; et si le cadastre parcellaire doit coûter 140 millions, et durer trente, quarante, ou même cinquante ans, le cadastre par masses de culture peut être terminé en dix ans, et avec moins peut-être de 3o millions.

Ainsi, comme dans la loi sur les élections je considérois tous les habitants d'une commune comme un seul propriétaire, je considèrerois, pour l'opération du cadastre, le territoire entier de la commune elle-même comme une seule propriété et une vaste métairie.

Le cadastre parcellaire de la Haute-Guyenne ne fut terminé, en dix ans, que dans neuf à dix communes sur plus de douze cents, et Smith avance qu'il a fallu cent ans pour faire celui de la Bohême, qui n'est pas deux fois plus étendue que la Haute-Guyenne.

Ainsi le gouvernement pourroit faire lui-même, et sans nouvelles opérations sur le terrain, la répartition de l'impôt foncier entre les divers départements, reprendre en même temps le cadastre par masses de culture dans les départements, et les communes elles-mêmes feroient à leurs frais le cadastre parcellaire, qui ne seroit qu'un corollaire du cadastre par masses de culture; et peut-être, si l'on pouvoit un jour en France secouer le joug des besoins et les chaînes de la routine, pourroit-on, comme il se pratiquoit en Provence, permettre aux communes cadastrées par masses d'acquitter leur contribution même foncière de la manière qui conviendroit le mieux à leurs intérêts.

Je demande, 1° que le cadastre par masses

de culture soit repris et invariablement suivi ; 2°. que le gouvernement soit invité à s'occuper d'une répartition plus équitable de l'impôt entre les divers départements.

OPINION

Sur l'Article 1er du Titre XI du projet de loi de Finances.

Séance du 4 mars 1817.

MESSIEURS,

Jusqu'à présent les orateurs qui ont parlé sur la loi qui nous occupe, ont considéré quelques articles du budget plutôt en financiers qu'en hommes d'État ; et cependant la finance, tout orgueilleuse qu'elle est de ses théories sur lesquelles, au reste, les hommes et même les chiffres sont bien peu d'accord, la finance peut apprendre quelque chose de la politique.

Celle-ci peut lui apprendre, en effet, que tout, dans les finances, dépenses et moyens d'y pourvoir, est subordonné dans chaque État à la nature de l'État lui-même, et que, selon qu'il

est continental ou insulaire, agricole ou com-
merçant, monarchique ou républicain, et par
conséquent constitué pour la paix ou pour la
guerre, pour la défense ou pour l'agression,
le système de ses finances doit être différent,
et qu'on tenteroit vainement d'introduire chez
l'un le système qui convient à l'autre, puisqu'il faudroit, pour le faire réussir, changer
des choses qui ne changent pas, et réformer
même la nature.

Ces réflexions s'appliquent à la question du
crédit. J'avois, l'année dernière, présenté sur
cette importante matière une opinion qui at-
tira l'attention de ceux même qui pouvoient
ne pas la partager; je fis remarquer que le
crédit public, ou, en d'autres termes, la facilité des emprunts, se compose de la surabondance des capitaux et de l'insuffisance comparée du sol vénal; qu'ainsi, partout où des
capitaux depuis long-temps accumulés par le
commerce, et continuellement accrus, avoient
à peu près atteint le terme des besoins de
l'agriculture et de l'industrie, s'il y avoit peu
de terres à vendre, les capitaux se portoient

d'eux-mêmes vers les fonds publics. J'appliquois ce raisonnement à l'Angleterre, riche de capitaux, pauvre de sol vénal par plusieurs raisons naturelles et politiques, et j'y montrois la source de l'extrême facilité de ses emprunts et de la solidité d'un crédit forcé en quelque sorte, et indépendant même de la fidélité du gouvernement à ses engagements. J'appliquois ce même raisonnement à Paris, qui est au reste de la France ce que l'Angleterre est aux États du continent, riche aussi de capitaux, et, à proprement parler, sans terres cultivables. Je l'appliquois à la Hollande, à Gênes, à Venise, à Genève, et je faisois voir que ces villes ou ces États, des plus petits de l'Europe, avoient eu un véritable crédit par la même raison de surabondance de capitaux et d'exiguité de territoire ; et la raison naturelle de cet effet général est que l'argent, toujours et partout, cherche naturellement la terre, dont la culture est la première destination de l'homme, le plus sûr fondement de la stabilité et de l'indépendance de la famille, la première richesse de la société.

J'en tirois cette conclusion, que la France, grand propriétaire, ne pouvoit faire du crédit le même usage que l'Angleterre, riche négociant, ni même avoir un crédit de même nature; que ce qui étoit pour l'Angleterre un moyen de prospérité, ne pouvoit être pour la France qu'une ressource dans le malheur; que la France, en un mot, comme un propriétaire obéré, ne pouvoit, ne devoit emprunter que pour payer ses dettes et libérer ses biens; et que l'Angleterre, comme tout négociant accrédité, empruntoit pour faire de nouvelles entreprises et grossir ses capitaux.

Et c'est ici, messieurs, que se présente d'elle-même l'application de ce que j'ai eu l'honneur de vous dire sur la différence de situation politique des deux États.

L'Angleterre, insulaire, commerçante, capitaliste, et depuis long-temps sous l'influence de l'élément démocratique de sa constitution, est et doit être, sous tous ces rapports, dans un état habituellement entreprenant, si ce n'est un état hostile; et si l'Europe a eu quelquefois à s'en plaindre, combien la guerre

opiniâtre faite à l'ennemi commun a-t-elle no-
blement absous le peuple anglois de ce malheur,
ou de ce tort de sa position! Quelles que soient
la modération de son gouvernement et les
vertus privées de ses citoyens, sa spéculation
constante est la guerre, et elle la fait à peu
près continuellement sur quelque point du
globe. Rome en Asie et Carthage en Europe,
l'Angleterre conquiert dans l'une et commerce
dans l'autre; elle commerce pour conquérir,
elle conquiert pour commercer; elle combat
là où elle ne commerce pas, elle commerce là
où elle n'a pas à combattre; son commerce
même, est armé, il fait la guerre à ses frais et
pour son compte, et il a sur la force militaire
de l'État un crédit toujours ouvert; car le commerce, dont les politiques beaux esprits font
le lien universel des sociétés, rapproche les
hommes, mais divise les peuples, et un traité
de paix entre dix nations belligérantes est bien
moins difficile à conclure qu'un traité de commerce entre deux peuples commerçants.

L'Angleterre, dans ses guerres toutes mari-
times, couvre donc à la fois les mers des vais-

seaux de l'État et de ceux des particuliers qui
arment en course ; et les circonstances particulières où se trouvent les ennemis qu'elle a or-
dinairement à combattre, et elle-même, font
que l'État et le particulier gagnent toujours à
la guerre l'un ou l'autre, et souvent l'un et
l'autre à la fois. Elle peut, elle doit donc emprunter, sûre de tirer de ses entreprises un
bénéfice supérieur aux taux des intérêts qu'elle
paye ; et comme la nation tout entière est
intéressée dans l'entreprise, l'État, en faisant
la guerre et en la permettant aux particuliers
pour leur propre compte, donne à ceux-ci
le moyen d'acquérir des capitaux, qu'à leur
tour ils prêtent à l'État pour soutenir la guerre.
La nation prête à la nation qui emprunte ; le
prêteur et l'emprunteur font la spéculation de
compte à demi, et les bénéfices de l'un com-
pensent toujours les pertes de l'autre. C'est là
le mystère du crédit de l'Angleterre, et la raison pour laquelle en temps de guerre, et
même après une longue guerre, les emprunts
se remplissent avec une égale ou même avec
une plus grande facilité.

Cet état, messieurs, n'est pas le nôtre, et
nos voisins eux-mêmes doivent s'en applaudir:
la nature nous avoit destinés à une vie sociale
moins agitée. Heureux si nous avions su en
connoître la douceur, et on auroit aussi pu
dire de nous ce que le poète dit du laboureur:

O fortunatos nimiùm sua si bona norint
Agricolas !

La France, il est vrai, avoit, comme tout
État continental, comme tout être, un principe d'extension et de développement qui te-
noit à sa position topographique; mais il y
avoit, dans la nature des ses habitudes agricoles, une raison de modération, et dans sa
constitution féodale un principe de stabilité
qui la rendoit plus propre à la défense qu'à
l'agression; aussi elle s'étoit toujours étendue,
par les traités et les alliances, plutôt que par
les armes; et au moins, sur le continent, des
guerres, même malheureuses, n'avoient pas
été sans avantage. Jetée, par sa terrible révolution, hors de la nature et de l'esprit de la
monarchie, c'est-à-dire, hors de sa propre na-

ture et de son propre esprit, la France a, pendant vingt-cinq ans, développé, pour le malheur de l'Europe, ce principe d'agression
naturel au nouveau système qu'elle avoit em-
brassé, d'autant plus actif chez elle, qu'il s'est
joint au principe d'extension, et l'a dépassé;
et elle offre aujourd'hui, pour son propre
malheur, la preuve que ce principe d'agression, et tout ce qui le produit, étoient peu
dans sa nature, et à quels irréparables dé-
sastres s'exposent les peuples qui sortent de
leur situation naturelle.

La France y est rentrée ou tend à s'y replacer, malgré les maximes d'une époque et les
hommes d'une autre, qui conspirent ensemble
pour l'en écarter; tant la démocratie et le despotisme se rapprochent et se ressemblent!
Aussi, messieurs, les réflexions que je viens
de soumettre à votre attention n'ont pas pour
objet de contester la nécessité présente du crédit accidentel dont la France a besoin comme
moyen de libération; mais pour repousser la
pensée d'une institution de crédit public,
moyen habituel de prospérité et ressort du

gouvernement, et rejeter sur ce point toute comparaison entre la France et l'Angleterre.

C'est cependant à cette comparaison que l'on nous ramène sans cesse à l'occasion du crédit. L'attention du public a même été fixée sur les suites les plus graves de cette comparaison, par la solennité des reproches ou des réponses sur un souvenir tiré de l'histoire d'Angleterre, et que la Chambre auroit voulu ignorer. *Cette histoire les tente*, a dit un illustre Pair; *elle leur tend un piége*, dirai-je avec plus de vérité; mais sans m'arrêter à cette commémoraison déplacée, j'observerai seulement, pour rester dans mon sujet, que c'est d'une discussion sur le crédit public qu'est sorti ce souvenir historique : tant il est vrai, messieurs, que ce système de crédit public, comme mesure politique, se lie, ainsi que je vous le disois tout à l'heure, à un système de gouvernement, d'administration, d'intérêts, d'ambitions, de fidélité même qui n'est pas le nôtre.

Et remarquez, messieurs, que ceux qui veulent faire en France du crédit public un moyen régulier et constant de prospérité, un instru-

ment d'administration, une loi de gouvernement, livrés à cette décevante théorie qui emprunte pour emprunter, endette l'État pour
enrichir le peuple, prend tout aux propriétaires pour tout rendre en salaire, appelle
circulation nécessaire des richesses, la fièvre
chaude de l'argent, et de toutes les prospérités
de nos voisins, ne regrette peut-être que leur
dette de 20 milliards : remarquez avec quelle
délicatesse de conscience, avec quel scrupule
de probité, ils nous recommandent la fidélité
à tous les engagements, même les plus témé-
raires; ils craignent que la dette publique ne
s'accroisse pas assez ni assez tôt, et voudroient
inscrire des deux mains et les yeux fermés.
Qu'ils se rassurent; l'arriéré seul qui nous
menace, cet arriéré immense, indéterminé,
fera du grand-livre une seconde Encyclopédie:
si la liquidation la plus clairvoyante et la plus
sévère n'en interdit l'approche, tout se présentera pour y entrer, le passé, le présent, l'avenir
peut-être, car je ne sais si les projets de l'avenir ne se déguisent pas ici sous les intérêts
du passé. Qu'ils sachent cependant, ceux qui,

dans leurs terreurs sans motifs, pourroient
prendre conseil d'intérêts qui ne sont pas les
leurs; qu'ils sachent qu'il n'y a qu'un gouvernement légitime, tranquille sur son avenir,
qui puisse, dans la situation où nous sommes,
acquitter le passé.

Il nous faut donc emprunter, je le crois,
puisque l'amour de l'argent a tué le génie de
la finance, et qu'avec le fonds d'esprit, de
raison, de terre et d'argent qu'il y a en France,
nous n'aurons su que dépenser, imposer, emprunter et vendre.

Il nous faut emprunter, mais comme acci-
dent, comme un malheur, et non comme
moyen régulier et constant de prospérité et
de gouvernement; il nous faut payer nos
dettes, pourvu toutefois qu'on nous les fasse
connoître; mais une fois libérés, il faut nous
hâter de rentrer dans les voies d'administration financière qui conviennent à la France.
Loin de donner une seconde édition du *grand
livre*, revue et augmentée, et d'en publier le
tome deuxième, il faut fermer au plutôt cette
immense table de jeu que la révolution a ou-

verte, et qui entretient l'esprit de la révolution
par les chances continuelles de hausse et de
baisse, je dirois presque de *la rouge et de la
noire*, qui tiennent les esprits, les fortunes,
les intérêts dans une éternelle mobilité, li-
vrent aux calculs honteux de la cupidité les
intérêts de ceux même qui ne jouent pas, et
élèvent dans les révolutions de la bourse une
nouvelle nation toute prête pour les révolutions
des États. Heureux si nous pouvions revenir à
ces modestes rentes sur l'hôtel-de-ville, seule
nature de biens qui convienne aux goûts et
aux occupations des habitants de la capitale, et
éloigner de la capitale l'argent des provinces,
qui est loin de suffire à leur agriculture et à
leur industrie !

Alors, rentrés dans les voies d'une administration économique de dépenses fixes et
de revenus ordinaires, nous ferons notre budget en hommes d'État plutôt qu'en financiers.
Nous appellerons dette publique et premiers
créanciers de l'État, la royauté, la religion,
la justice, l'armée, qui sont l'État, la société,
le corps public de la nation, dont l'existence

et la force assurent toutes les existences particulières, et garantissent toutes les fortunes
privées. Ces créanciers, nous les satisferons
pleinement et généreusement, et nous crain-
drons moins alors le luxe de quelque superflu,
que l'économie du moindre nécessaire. Car,
s'il faut éviter l'excès, je dirois presque le luxe
de l'économie, on ne sauroit assez insister sur
l'économie du luxe en administration, moins
parce qu'il nous ruine que parce qu'il nous
corrompt. Tout, dans un État, se monte au
ton d'une administration fastueuse, fastueuse
dans sa représentation, fastueuse dans le travail dont elle se surcharge, fastueuse dans le
nombre des agents qu'elle emploie et des affaires qu'elle attire au centre et dans la capitale où il faut payer les plaisirs des employés
plus chers que leurs services. Toutes les affaires viennent à Paris, les hommes y viennent à la suite des affaires, les fortunes y sui-
vent les hommes ; les provinces se dépeuplent
d'hommes capables, et s'appauvrissent. Il n'y a
plus, comme dans des pays conquis, d'autorité, ni par conséquent de considération pour

les indigènes, et l'orgueil désœuvré la cherche dans un luxe toujours au-dessus de la fortune, parce qu'il n'est plus réglé par la condition ; le trésor le plus précieux d'un peuple, les hommes considérés et considérables, se dissipe, il n'y reste que des contribuables évalués par l'impôt qu'ils payent comme un vil bétail par la quantité de laine qu'il produit. On dira peut-être que tel est l'esprit du siècle et qu'il faut en suivre les progrès ; et du temps de Tacite aussi, on appelait l'esprit du siècle, *seculum vocatur*, ces mœurs du despotisme qui avoient concentré à Rome toutes les affaires et tous les vices de l'univers. Cependant il faut revenir à d'autres mœurs ou périr ; il faut faire quelque chose des provinces, si des provinces on veut faire un royaume. Cette centralisation si vantée, ruineuse pour l'administration, mortelle pour la politique, et qui ne sert qu'à agrandir une ville déjà trop grande, et à en enrichir les habitants, dissout une nation. Le pays le plus résistant de l'Europe et le plus stable, est celui où chaque province est un royaume, chaque chef-lieu

une capitale, où le Roi est partout, comme
Dieu sur nos autels, *en présence réelle*. Dans
la machine de l'État, quand le mouvement
se fixe au centre, il s'éteint aux extrémités.
C'est ainsi, c'est alors que la vie cesse dans
les êtres animés. Il faut, dans un État, centralité de surveillance; tout autre centralité
d'opinions, de connoissances d'administration, d'instruction publique surtout, n'a jamais servi, ne servira jamais que les révolutions, qui, rayonnant du centre dans toutes
les parties, ont, quand il le faut, les journaux pour dépêches, et le télégraphe pour
courrier.

A côté des emprunts se place comme moyen
de crédit public, une caisse d'amortissement,
correctif au système des emprunts; car on
sent qu'il a besoin de correctif. On propose
d'en augmenter la dotation, en y affectant les
forêts de l'État, destinées plus tard, et je crois
plus tôt qu'on ne dit, à être aliénées, car il y a
dans beaucoup de têtes un déplorable système
d'aliénation.

On se trompe encore, je le crois, sur la

nature et l'effet de l'amortissement. Le but et
l'avantage d'une caisse d'amortissement ne sont
pas de rembourser les emprunts ; car l'homme
qui place sur les fonds publics, ne veut pas,
ne compte pas être remboursé par l'État, et
quand il lui convient de disposer autrement
de son capital, il négocie sa créance et la vend.
L'effet d'une caisse d'amortissement n'est pas
même d'éteindre plus tôt ou plus tard la dette
publique ; car en Angleterre elle n'a été ima-
ginée que pour en faciliter l'accroissement, en
rassurant l'imagination des peuples contre le
système des emprunts, tant on en sent l'abus
et le vice ! Or, on obtient cet effet par une
époque d'extinction indéterminée, mieux que
par un terme fixe et connu : et j'ose dire qu'un
terme fixe de quinze ou vingt ans assigné à
l'extinction de la dette, paroîtroit plus long à
notre impatience qu'un terme vague et in-
connu. L'espérance comme la crainte, aiment
à se jouer dans des espaces sans bornes, et
nous trouverions aussi long le terme de vingt
ans, s'il nous falloit attendre à cette époque
une brillante fortune, que nous trouverions

court et rapide celui de cinquante ans, s'il
devoit être le terme de notre vie. L'amortissement annonce la volonté du gouvernement
de sortir un jour du système des emprunts;
l'imagination est rassurée, cela suffit. C'est
aussi sur des illusions qu'est fondé tout le système des loteries, et l'on y mettroit bien moins
avec la certitude d'y gagner un extrait de peu
de valeur, qu'avec l'espoir d'un terne ou d'un
quaterne sur un somme plus forte. Ainsi que
la caisse d'amortissement opère promptement
ou avec lenteur, l'effet est absolument le même,
et il est obtenu aussi complètement avec une
dotation de vingt millions, qu'avec une dotation de quarante. La certitude de l'effet et la
continuité de l'action sont tout, le temps n'est
rien; et peut-être est-il nécessaire que l'amortissement proportionne sa marche au progrès
de la seule partie flottante de la dette, toujours
infiniment moindre que la partie fixe. C'est
dans ces principes que l'Angleterre a fixé à un
pour cent seulement du montant de l'emprunt, le fonds d'amortissement destiné à
l'éteindre; ainsi, tandis que, pour un em-

prunt de cent millions, elle n'ajouteroit qu'un million au fonds de l'amortissement, nous, toujours extrêmes, toujours hors de mesure, nous versons les millions à grands flots par l'affectation du capital de toutes nos forêts destinées à devenir la proie d'avides spéculateurs, et dont d'autres spéculations plus vastes et plus coupables ont juré la ruine.

Je concevrois que, pour remplacer l'emprunt, on nous eût proposé de vendre une partie des forêts de l'État, comme on propose à un propriétaire obéré de vendre une partie de ses biens pour dégager l'autre; mais comme on veut à la fois la vente des biens et l'emprunt, moins encore pour payer les étrangers que pour fonder et affermir un système de finance et de crédit public toujours ouvert, qui puisse affoiblir et détruire la force du système agricole, qu'on trouve trop monarchique, on médite à la fois et l'emprunt et la vente actuelle ou éventuelle des forêts de l'État.

Les forêts, messieurs, ne peuvent être assimilées à aucun autre genre de propriété. Berceau des peuples naissants, asile des peuples

malheureux, elles sont le plus précieux trésor
des peuples policés. Tous les arts de la société,
tous les besoins de la vie en réclament la conservation, parce qu'ils en exigent l'usage ; la
civilisation même la demande ; car si l'on sup-
posoit dans un vaste pays une disette totale
de combustibles, il n'est pas douteux que la
seule crudité des aliments ne ramenât un peuple à la barbarie des mœurs.

C'est là, messieurs, la raison profonde de
l'intérêt que tous les peuples ont mis à conserver une production, fille du temps plutôt
que l'ouvrage de l'homme, indépendante en
quelque sorte de la nature elle-même, puisqu'elle croît malgré la stérilité de la terre
et l'inclémence des saisons, d'une production
dont l'état de société ne sauroit se passer, et
que l'état de société tend sans cesse à détruire.

Aussi tous les peuples ont fait de leurs forêts
plutôt le domaine public que le domaine commun, comme des mers et des fleuves. Les
peuples idolâtres en avoient fait des temples ;
les païens les avoient consacrées à leurs divi-

nités (1); les modernes, instruits à une autre
école, en avoient fait l'apanage des établissements publics, de la royauté, de la religion,
ou même de la noblesse et des communes,
des corps, en un mot, qui pouvoient le mieux
les défendre et avoient le moins besoin de les
aliéner, ou des personnes qui attachoient à
leur conservation des idées de luxe et d'agrément plus puissantes à conserver que des idées
même d'utilité personnelle.

Les forêts, dans les mains de ces possesseurs,
étoient mises sous la garde de l'inaliénabilité
ou des substitutions perpétuelles, qui conser-
voient à toutes les générations un bien dont
toutes avoient la propriété et dont chacune
avoit l'usufruit; et telle étoit l'importance que
l'administration attachoit à ce genre de propriété, que le particulier lui-même n'en étoit
pas possesseur au même titre que des autres

(1) Le grand nombre de lieux appelés *le Luc*, dans les
pays méridionaux où la langue romaine s'est mieux con-
servée, atteste encore l'existence de ces bois sacrés, appelés *Lucus*.

biens, puisqu'il étoit soumis dans l'usage qu'il
en faisoit aux règlemens de l'administration
forestière.

Ces forêts, répandues dans les provinces,
étoient toutes du domaine public, et, par
conséquent, comme tout ce qui est public,
du domaine du pauvre; et soit que l'usage où
la loi lui permit d'y prendre ce qu'une nature
libérale laissoit dépérir, soit que la bienfaisance fermât les yeux sur des larcins que la
justice n'ose ni punir ni pardonner, l'indi-
gent y trouvoit le soutien de la vie aussi
nécessaire que le pain lui-même, puisque la
fabrication du pain ne peut s'en passer.

Je vous le demande, messieurs, si la France
avoit un ennemi acharné à sa perte, et qui
cherchât péniblement les moyens de faire à
son état matériel le mal qu'elle a fait elle-même
à son état moral et politique, il ne pourroit
sans doute dessécher les fleuves qui arrosent
ses provinces, ni tarir les mers qui baignent
ses côtes; il ne pourroit ôter à son sol sa fertilité naturelle, ni à l'air sa salubrité; il feroit
vendre ses forêts, seule propriété publique

qui lui soit restée, certain que la petite culture de l'homme s'empareroit bientôt de ces
vastes ateliers de la nature; et que, pour y faire
croître le pain d'un jour, il ruineroit à jamais
cette production destinée à soutenir les générations pendant la durée des siècles.

Et quelle est, messieurs, la génération qui
peut s'arroger le droit de disposer ainsi d'un
fonds qui appartient à toutes les générations,
d'un bien que les générations de François
qui nous ont précédés, nous ont transmis
pour que nous les transmettions à notre tour
aux générations à venir; d'un bien enfin qui
est à la fois et du domaine public et du domaine particulier? Car remarquez, messieurs,
qu'il n'y a pas de forêt dans laquelle, ou des
particuliers, ou des communes, n'ayent, par
la loi ou un usage immémorial, des droits qui
sont de véritables propriétés, des propriétés
inviolables comme toutes celles dont la Charte
consacre le principe et garantit le maintien.
Les familles se sont fixées, les villages se sont
bâtis, les contrées se sont peuplées sur la foi
de cette jouissance, comme les hommes se

sont placés le long des fleuves, au bord de la mer, auprès des fontaines : c'est *le feu et l'eau* que le Créateur a donnés à l'homme, et que la justice seule a le droit de ravir au coupable qu'elle condamne.

Aussi , quand l'industrie meurtrière de l'homme a dépouillé la terre de sa plus belle parure, et la société de sa plus utile propriété, la nature se venge; elle chasse l'homme d'un domaine qu'il a désolé; le pays se dépeuple; et, dans l'absence de ce colon infidèle, elle relève en silence ces vastes forêts qui recevront un jour une nouvelle population.

Car les forêts conservent la population de deux manières opposées; elles fournissent aux besoins de la population existante, et, en réduisant à une juste mesure le sol cultivé, elles préviennent un excessif accroissement de population, inévitablement suivi d'une dépopulation générale; et remarquez encore que les forêts sont presque toutes placées sur des sols sablonneux et dans des terres légères, qui, bientôt épuisées par les défrichements, ne pourroient plus servir qu'au parcours des animaux.

Et c'est, messieurs, lorsque la France périt sous la division des terres, cause constante de la cherté toujours croissante des subsistances, et qui fait que tous mourront de faim quand chacun aura un arpent de terre à cultiver, c'est à ce moment que vous allez ajouter encore à ce morcellement par la vente des grandes masses de forêts qui nous restent. Je ne peux, je l'avoue, m'expliquer à moi-même ce luxe de destruction ; et nous semblons agités, comme ces grands coupables de l'antiquité, par une fureur sacrée qui nous force à nous déchirer de nos propres mains, et à accomplir cette prédiction d'un de nos plus grands ministres : *La France périra faute de bois.*

Si vous doutiez, messieurs, de la nécessité de conserver vos forêts pour les besoins de la population, vous n'auriez qu'à considérer l'accroissement de prix de toutes les denrées de première nécessité, surtout du bois de chauffage et de construction, comparé au décroissement du prix de beaucoup d'objets d'art et

de luxe, seulement depuis Louis XIV; vous
y verriez la preuve, et de l'énorme accroissement de la population industrielle qui fait
que les choses d'art, faites par plus de mains,
se font plus vite, et par conséquent en plus
grande quantité; et la preuve de l'état plus
stationnaire de la population agricole et de
ses productions, obligées de fournir à la subsistance de la classe ouvrière, beaucoup plus
nombreuse qu'autrefois, et d'y fournir encore, même lorsque cette classe ne peut la
gagner.

Le prix du bois devient excessif partout où
la nature n'a pas placé des mines de houille;
mais, là même où il peut s'en trouver, il
conviendroit encore d'éloigner le moment où
une moitié de la population est forcée de
s'ensevelir toute vivante dans les entrailles de
la terre pour fournir aux besoins de l'autre
moitié; et, en vérité, heureux le pays où la
nature n'a pas mis à si haut prix les néces-
sités d'une vie si fugitive et si troublée!

Enfin, à considérer la vente des forêts sous
un rapport plus général et plus véritablement

politique, les forêts sont le dernier refuge des peuples qui habitent les plaines. Tous ceux qui existent sur le globe, dans un temps ou dans un autre, y ont trouvé un asile contre l'invasion; et en même temps que le sol inculte des forêts offre à l'ennemi moins de subsistances, elles arrêtent l'irruption des nombreuses armées de cavalerie, si redoutables pour les peuples agricoles. C'est pour cette raison que les Maures n'ont pas laissé un seul arbuste dans les deux Castilles, qui sont encore aujourd'hui totalement dépouillées de bois, et n'employent d'autre combustible que la paille. Les forêts et les montagnes sont les forteresses de la nature qui conservent les peuples qui s'y retirent, bien plus sûrement que les forteresses de l'art ne défendent des armées qui s'y renferment.

Aussi je ne crains pas de dire que le plus grand mal qu'on puisse faire à un grand peuple est de le priver de ses forêts. C'étoit une note d'infamie que les institutions féodales infligeoient au noble félon, et ce n'est pas à nous à nous l'infliger à nous-mêmes.

Le plus grand bienfait qu'un peuple puisse
attendre d'une administration prévoyante, est
la conservation, l'aménagement, l'extension
même des forêts; et il est déplorable que les
seuls biens publics qui aient échappé à la
faux du temps, à la hache de la révolution,
aux ravages même de la guerre, qui aient été
conservés, et on peut dire accrus par l'usurpateur, viennent périr sous le Roi légitime,
et que la restauration   en ce point non-
seulement la garantie, ... le complément
de la révolution.

Je ne vous parlerai pas de la nécessité de
rassurer les acquéreurs des biens nationaux.
Et plût à Dieu qu'il nous fût aussi facile de
contenter ceux qui en désirent que de rassurer
ceux qui en possèdent !

Les alarmes des acquéreurs de biens nationaux, si elles sont réelles, ont un principe
qu'il ne dépend pas de nous de faire cesser.
Ainsi, vendons cent cinquante mille hectares
de bois, vendons-en un million, vendons tout,
vendons le sol de nos temples et de nos places
publiques, ne nous réservons que l'hôpital et

le cimetière; et si c'est trop encore, vendons jusqu'aux six pieds de terre qui nous resteront à tous, du moins je l'espère, de toutes nos ambitions et de toutes nos fortunes, et nous aurons ajouté à notre misère et enrichi quelques particuliers, sans rien ajouter à la sûreté des acquéreurs.

Voulons-nous cependant que le temps qui finit tout, les craintes comme les espérances, les peines comme les plaisirs, rassure les acquéreurs? Ne parlons plus de mesures nouvelles qui forcément rappellent des malheurs et des fautes que l'oubli doit couvrir; n'allons pas, provocateurs imprudents, en voulant donner des sûretés dont on n'a pas besoin, et qu'on ne demande même pas, exciter des alarmes plus réelles. Au moment où la nation lutte avec tant de peine contre des besoins hors de proportion avec ses ressources, et tend la main aux étrangers pour payer les étrangers eux-mêmes, n'allons pas réveiller le douloureux souvenir d'un gage immense aliéné à quelques-uns, au préjudice de tous les autres, aliéné sans profit et sans retour,

et qui ne nous laisse aujourd'hui que la peine
de tranquilliser ceux qui le possèdent.

Et cependant, la nécessité de les rassurer
n'est pas même le motif profond et secret de
l'aliénation demandée.

Mais enfin, nous est-il permis, quand nous
le voudrions, de vendre les biens publics qui
nous restent; et la Charte, qui déclare *inviolables* toutes les *propriétés*, a-t-elle excepté de
cette inviolabilité les biens de l'État et ceux
de la religion? Si ces deux mots, *propriété* et
inviolable (1), étonnés de se trouver ensemble
(comme si ce n'étoit pas la possession seule
qu'on peut violer); si ces deux mots signifient
quelque chose, ils veulent dire, sans doute,
que chacun possède avec la même sécurité et
au même titre, sous les conditions particulières
de son existence, comme propriétaire. Ainsi,
la famille privée, destinée à s'éteindre, est propriétaire avec la faculté d'aliéner: et le public,
qui ne meurt pas, est propriétaire, avec la dé-

---

(1) Notre ancienne législation se sert toujours du mot
biens, et jamais de celui de *propriétés*.

fense d'aliéner; et la Charte les saisissant l'un
et l'autre dans cet état, déclare leur propriété
également inviolable, et consacre dans chacun
le mode spécial de posséder qui, plus que la
possession même, constitue la propriété : car
ce principe de droit public et universel en Europe, d'inaliénabilité des biens publics, loin
d'avoir jamais été contesté, a été reconnu et
confirmé par toutes les déclarations d'irrévocabilité des ventes qui en ont été faites dans
ces derniers temps. Toutes les précautions qui
ont été prises pour rassurer leurs acquéreurs,
sont un hommage rendu à ce grand principe
d'inaliénabilité, qui a repris toute sa force avec
la monarchie légitime, dont il a été le plus
ferme appui, et jamais on n'eût songé à déclarer
l'irrévocabilité spéciale des ventes des biens
publics (lorsque toutes les ventes légalement
faites sont irrévocables), si l'on n'eût senti la
nécessité de déroger pour tout ce qui avoit été
fait au principe antérieur et immortel d'inaliénabilité des biens publics.

Ainsi, par cela seul que la Charte déclare
irrévocables les ventes faites, elle déclare illé-

gales les ventes à faire. L'exception ici confirme
le principe, et une loi d'exception pour le
passé, ne peut être un principe de législation
pour l'avenir, pas plus qu'une loi même générale ne peut avoir d'effet rétroactif ; et soyez
assurés, messieurs, que les nouveaux acquéreurs des biens que vous voulez vendre, ne
se contenteroient pas de la garantie que vous
trouvez dans l'article 9 de la Charte, si, habiles
à se prémunir contre le danger, ils ne vouloient abattre demain les bois qu'ils achèteront
aujourd'hui; et si, en achetant tout, sol et su-
perficie, ils payoient autre chose que la super-
ficie qu'ils feront disparoître pour revendre le
sol, et certainement sans garantie personnelle.
Faudra-t-il donc un nouvel article dans la
Charte, pour rassurer ces nouveaux acquéreurs ? et lorsqu'il est défendu d'en réviser
aucun, peut-il être permis d'en ajouter d'autres?
Ainsi, je trouve dans la Charte tout ce qu'il faut
pour conserver les forêts nationales, rien de ce
qu'il faut pour les aliéner.

Je m'oppose donc à toute aliénation des forêts du domaine public, soit qu'elles aient

appartenu au domaine royal ou au domaine
religieux ; car tous les biens publics qui n'appartenoient pas à la religion étoient du domaine royal, sauf ceux de l'ordre de Malte qui
appartenoient à une puissance souveraine pla-
cée hors de notre territoire, et sur le sort de
laquelle les puissances de l'Europe n'ont pas
encore prononcé.

Les biens du domaine royal étoient le patrimoine de la famille régnante, qui avoit hé-
rité des domaines particuliers de toutes les familles souveraines dans les provinces réunies
à la France, et les avoit accrus par succes-
sions, donations, échanges ou acquisitions
faites de ses propres deniers. Le domaine royal
n'appartenoit à l'État, que parce qu'il étoit le
patrimoine de la famille qui appartenoit elle-
même à l'État ; et il n'étoit inaliénable que
parce que cette famille ne pouvoit cesser de
lui appartenir : seule famille esclave au milieu
de familles libres, puisque, liée par une sub-
stitution politique et perpétuelle, elle n'avoit
pas, comme les familles privées, la faculté de
rien posséder en propre, ni de disposer de ses

biens, pas même au bout de dix ans de possession de ceux qu'elle avoit acquis. La loi qui a
rendu les biens invendus aux familles sujettes,
n'a pu exclure de cet acte de justice la famille
souveraine. Le domaine royal qui formoit son
patrimoine lui a donc été rendu, et il n'est
devenu domaine de l'État que comme gage
d'hypothèque de la pension en argent ou liste
civile qui le remplace.

Ainsi, j'ose soutenir en publiciste que la disposition de la Charte, qui fixe à la famille royale
un traitement en argent, sous le nom de *liste
civile*, impose à la nation l'obligation à la fois
civile, politique et respectueuse, de garder en
ses mains les forêts comme une valeur en dépôt,
sûreté pour la nation, puisqu'elle est une sûreté pour la famille qui la gouverne, et dont
l'existence indépendante est le premier intérêt
public; valeur réelle, gage impérissable, dont
la conservation importe à la fois au créancier
et au débiteur. Ainsi nous ne pouvons pas engager à des créanciers particuliers ce qui a été
engagé à la nation par un créancier public, le
premier et le plus ancien de tous; et il ne me

seroit pas difficile de prouver que, pour cette
raison véritablement de droit public, des ventes,
s'il en eût été fait du domaine royal depuis la
Charte et l'établissement de la liste civile, auroient été illégales; et n'est-il pas indécent que
le plus petit État d'Allemagne et le plus petit
prince aient à l'avenir plus de forêts et de domaines que la France et son Roi !

Les biens de la religion n'ont pas sans doute
une origine moins respectable ni une destination moins utile; la Charte ne lui défend pas
de posséder, et vous l'avez reconnu vous-
mêmes lorsque vous lui avez permis d'acquérir.
Pourquoi donc ne pas lui rendre ce qu'elle a
possédé et qui n'a pas été vendu? Où seroient
la raison, le motif, la convenance, le prétexte
même de la dépouiller de ce que vous ne lui
avez pas donné, de ce que l'État ne lui a pas
donné, mais de ce que lui ont donné les familles à qui seules appartient sur la terre la
propriété du sol cultivé et la faculté d'en disposer? Par quelle raison de justice ou de dé-
cence la religion seule est-elle *hors la loi* qui
abolit à jamais la confiscation? Et comment

expliquer que les propriétés de la religion
nous paroissent moins sacrées que celles des
hommes que nous avons bannis? Il est vrai
qu'en la dépouillant de ses antiques propriétés,
on propose de lui assigner un revenu égal sur
une partie des forêts du domaine royal, dont
il ne paroît pas au reste qu'on veuille lui rendre l'administration. Cette disposition trop
bizarre pour n'être pas une combinaison, et
dont l'inconséquence même annonce un motif
secret, ne peut en avoir d'autre que la crainte
de la religion, qui toujours dégénère en haine;
et vous pouvez remarquer, messieurs, que la
mesure proposée concourt, et avec le ton de
mépris pour ses ministres, dont quelques
discours prononcés à cette tribune ont fourni
l'exemple, et avec cette affectation de réimprimer avec profusion les ouvrages trop célèbres de ses plus fougueux ennemis. La révolution qui a gagné par les conseils ce qu'elle
a perdu par les armes, ne veut pas lâcher sa
proie, et elle ne peut pardonner à la religion
le mal qu'elle lui a fait.

C'est là, n'en doutez pas, le levier qui sou-

lève l'Europe, à l'insçu de beaucoup de ceux
même qui y ont la main. Certes, je rends
grâce à mon siècle de m'avoir donné cette
nouvelle preuve de la vérité du christianisme,
car il est certain philosophiquement qu'il n'est
pas possible à l'homme de haïr autant ce qui
ne seroit qu'une erreur, et le néant ne peut
être l'objet d'un sentiment aussi fort. Cependant, on sent la nécessité de ne pas trop tôt
démasquer ses batteries et de tromper la conscience des rois et des peuples; ainsi, on donne
des biens à la religion, ou une pension sur des
biens qui ne lui ont jamais appartenu; mais
on la dépouille de ses propres domaines, on
l'exproprie à l'instant qu'on l'enrichit. Ces
biens nouveaux, si même ils lui sont donnés,
lui seront redemandés un jour, gage nouveau
d'une nouvelle opération de finance. Donné
comme une aumône, reçu comme une faveur,
le don pourra être retiré par la main qui le
départ; et l'on ne pourroit même étendre
aujourd'hui, à ce don fait à la religion, l'irrévocabilité décrétée pour la vente des biens qui
lui ont appartenu : car remarquez que si vous

ne trouvez pas dans la Charte l'inaliénabilité des biens invendus, vous ne pouvez pas y placer l'irrévocabilité du don que vous voulez faire.

Ainsi on permet aux familles de doter les établissements publics de religion, de charité, et déjà s'établit au conseil d'État une jurisprudence qui peut rendre nulles les intentions des bienfaiteurs, en ne permettant pas aux donateurs d'insérer dans l'acte de donation la clause de retour des biens donnés, au cas que l'objet pour lequel ils donnent, ne puisse pas être rempli; et je peux en mettre sous vos yeux la preuve authentique (1).

Je le demande, d'un côté, cette obstination à retenir les biens de la religion, de l'autre, ces difficultés faites à ceux qui voudroient lui

(1) Par acte du 22 mai 1815, reçu par Rondeau-Martinière, notaire à Neuvy, département d'Indre-et-Loire, madame Eugène de Montmorency-Laval donne au bureau de bienfaisance de Neuvy la somme de 4,000 livres, sous la condition que *si, contre son attente, son intention étoit détournée par quelques cas prévus ou imprévus, la présente donation demeureroit nulle et de nul effet.* Le préfet, dans sa

donner, sont-elles bien propres à rassurer les donateurs et nous-mêmes sur les dispositions bienveillantes qu'on nous annonce ?

Et qu'on remarque la différence du terrain sur lequel sont placés les partisans du projet de la commission et ses adversaires.

Si l'on avoit mis les frais entiers du culte et de la subsistance de ses ministres à la charge du trésor public, nous n'aurions vu dans cette mesure qu'une conséquence de ces systèmes impolitiques et irréligieux qui mettent les ministres de la religion aux gages des peuples, pour mettre la religion elle-même aux ordres et à la merci des gouvernements, et le danger de la rendre onéreuse pour la rendre odieuse, et de l'avilir pour la détruire.

Mais qu'on la dépouille des biens dont dix

───────────────

réponse au maire de Neuvy, du 8 octobre 1816, lui transmet les observations du ministre de l'intérieur, en date du 4 du même mois, par lesquelles ce ministre *invite la donatrice à faire disparoître entièrement cette clause de retour, qui seule empêcheroit les pauvres de Neuvy-le-Roi de jouir du bienfait de cette dame, si elle persistoit, etc.*

siècles de possession avoient consacré la propriété, pour lui en donner d'autres qui ne lui ont jamais appartenu; qu'on la rende complice de la spoliation de l'État, à l'instant qu'elle est forcée de gémir sur sa propre spoliation, et qu'ainsi, en la faisant propriétaire, on lui ôte le caractère le plus sacré et le plus auguste de la propriété, l'antiquité de possession; qu'on ne veuille pas lui rendre ce que les familles lui ont donné, à l'instant qu'on leur permet de lui donner encore; que, lorsqu'on devroit regarder comme une faveur du ciel, que quelques biens aient échappé à la dévastation générale, on ne sente pas la nécessité de raffermir par un grand exemple de justice et de piété, la morale publique, la religion, la société même, ébranlées dans leurs derniers fondements; que le terrible exemple des malheurs qu'ont attirés sur la propriété privée, les violentes mesures de l'assemblée constituante contre la propriété publique, soit perdu pour la génération qui l'a donné.

Que dans un temps où les gouvernements ne peuvent donner aux peuples accablés de fléaux sans nombre, que les conseils de la résignation, ils ne craignent pas de tarir la source des plus puissantes consolations, en traitant la religion comme une alliée qu'ils redoutent, ou un ennemi qu'il faut ménager; et qu'on ne voie pas que cette religion, que repoussent les passions des individus, et qu'appellent tous les besoins de la société, sera rendue au peuple, et s'il le faut, par des calamités, et lui sera rendue sans nous, malgré nous, et peut-être contre nous; que lorsqu'une nation voisine nous dénonce, par l'organe de ses représentants, cette conspiration qui menace chez elle la religion et la propriété qu'elle a renversées chez nous; nous répondions à cette grande leçon en vendant la propriété de la religion, et la remplaçant par un don précaire fait à ses ministres.

C'est en vérité une conduite si étrange, un tel renversement de raison et de politique, que les hommes, même les plus disposés à juger favorablement les actes de l'autorité, ne peuvent s'empêcher d'y soupçonner de secrets motifs et une profonde combinaison.

Le système des adversaires du projet de la
commission est, ce me semble, plus simple et
moins tortueux. Ils ne demandent pour la religion que les biens qui lui restent, ni plus, ni
moins; ils ne les demandent pas pour enrichir
les prêtres, à qui l'on a reproché leur opulence,
plaintes de si bon goût de la part de million-
naires; mais pour doter la religion elle-même,
pour la constituer indépendante des temps et
des hommes, pour inviter, par cet exemple, les
familles à réparer envers elle le tort des événements; pour effacer de ce front auguste le
signe honteux pour elle, de salariée, et la
marquer du sceau le plus respectable chez une
nation de propriétaires, du sceau de la propriété; pour l'intéresser, si on peut le dire,
par son intérêt propre, à recommander aux
peuples le respect du bien d'autrui, sans lequel
il n'y a point de société, surtout chez un peuple
agricole, dont les produits, nuit et jour exposés
à tous les yeux et à toutes les mains, ne peuvent
être défendus que par la religion, qui, pour
prévenir l'attentat, interdit même le désir.

Et cependant cette dotation que l'on ôte à la

religion, on la donne à la caisse d'amortissement ; on constitue la religion de la banque
au préjudice de la religion de l'État; et c'est
dans l'aveuglement général de l'Europe ce
qu'on appelle, ce qu'on croit peut-être de la
politique !

Et voyez, messieurs, où vous conduit ce
mépris de la justice qui veut qu'on rende à
chacun ce qui lui appartient, et au public
comme au particulier; il vous conduit à exercer sur vos collègues un genre d'oppression
que l'usurpateur lui-même nous avoit épargné;
que jamais au temps de leur triomphe vos collègues n'ont eu à se reprocher; et s'ils ont pu
contredire des opinions politiques, jamais ils
n'ont inquiété des sentiments religieux.

Oui, messieurs, puisque le malheur des
temps nous réduit à réclamer pour les sectateurs de la religion de l'État, cette tolérance
d'opinions que la Charte accorde à toutes les
religions; si, comme citoyens, nous avons
été accoutumés à regarder les biens de la religion comme aussi légitimes que nos propres
biens, comme catholiques, nous avons été ac-

coutumés à les regarder comme bien plus sacrés, parce qu'ils avoient une destination plus
générale et plus utile ; et je le dis hautement,
si, lors de la première confiscation des biens,
j'avois eu à prononcer entre le sacrifice des
biens publics et celui des biens privés, je n'aurois pas balancé.

Nous avons été accoutumés à regarder les
dons faits à un des corps religieux, nombreux
enfants de la religion, comme des dons faits
à leur mère ; et l'assemblée constituante en
jugea ainsi, lorsqu'en supprimant les corps
réguliers, elle assigna, pour les frais du culte
et l'entretien du seul corps séculier qu'elle
conservoit, une somme égale au produit de
tous les biens-fonds ecclésiastiques. Respectez
donc nos répugnances comme nous aurions
respecté les vôtres. Nous ne pouvons voir dans
le don fait à la religion, en même temps qu'on
la dépouille de ses antiques propriétés, qu'un
moyen de changer son titre de possession et
d'affoiblir ainsi sa juste et légitime indépendance, sans laquelle il n'y a point d'autorité,
comme sans propriété il n'y a point d'indé-

pendance. Nous nous alarmons d'entendre proclamer ces mêmes maximes du droit de l'État sur les biens de la religion, que nous avons entendues au commencement de nos troubles, et qui ont eu une si terrible influence sur le sort de la religion et sur le nôtre. L'assemblée constituante a commencé avec autant de vertus que nous, avec plus de talents peut-être, et voyez où l'ont conduite ces maximes irréligieuses, qui toujours se lient aux révolutions politiques; et vous en avez aujourd'hui même la preuve dans les rapports des commissions des Chambres d'Angleterre sur la conspiration récente qui y a éclaté, et qui, dans toute l'Europe, et par des moyens divers, selon les temps et les lieux, veut, suivant l'expression d'un noble ministre, l'athéisme pour religion, et l'anarchie pour gouvernement.

Nous ne voyons plus, il est vrai, sur la scène les mêmes hommes, mais nous y entendons les mêmes principes. Les principes sont tout, les hommes rien; et une fois lancés dans la société, les principes bons ou mauvais entraînent les hommes bien au-delà de leurs intentions, de leur caractère, de leurs vertus et même de leurs vices.

Nous ne consentirons donc jamais à dépouiller la religion du peu qui lui reste de biens, sous le prétexte de lui en rendre d'autres, qu'elle auroit perdu, par son acceptation même, tout droit de retenir et tout moyen de défendre ; nous n'arracherons pas à notre mère commune le dernier vêtement qui couvre sa nudité ; et serions-nous donc réduits à apprendre à des chrétiens quel étoit le respect des païens pour les choses consacrées à leurs dieux, et que les mahométans eux-mêmes n'appliquent jamais à un usage profane une mosquée, même abandonnée et en ruines ?

Vous donc qui vous croyez un esprit si fort et une conscience si éclairée, respectez la foiblesse de vos frères ; c'est à la fois un précepte de religion et un devoir de la vie civile. N'imitez pas ceux qui, ne croyant pas parce qu'ils ne savent pas, appellent toute conviction de la vérité, fanatisme, et tout zèle pour le bien, exagération. Songez que, si les inspirations de la conscience peuvent être dangereuses, lorsqu'elles déterminent l'homme à *agir*, elles sont toujours respectables, ne fussent-elles que des illusions, lorsqu'elles ne le portent qu'à *s'abstenir*.

Messieurs, le pouvoir public a demandé au pouvoir domestique, son égal en indépendance, le sacrifice des biens injustement ravis à la famille, et nous l'avons fait sans murmurer.

Fugitifs nous-mêmes, et dépouillés pour la cause de nos Rois légitimes, nous avons accordé, sur les biens qui nous restent, des secours en faveur d'Espagnols et même d'Arabes fugitifs pour la cause d'un usurpateur.

N'exigez pas davantage de vos collègues. Craignez, en dépouillant sans motif et même sans prétexte la religion du reste de ces biens que la piété de vos pères lui avoit donnés, et qui ont été, pour elle et pour ses ministres, la cause de tant de persécutions et de tant d'outrages; craignez que la postérité, qui bientôt commencera pour vous comme elle a commencé pour l'assemblée constituante, franchissant le court intervalle qui vous sépare de

cette première époque de nos désordres, ne
vous confonde avec les premiers spoliateurs de
la religion ; ne fournissez pas à l'histoire de
nos erreurs une date de plus : vous surtout
qui allez quitter cette assemblée et retourner
à la vie privée, n'y rentrez pas avec un remords ; laissez les législateurs qui nous succé-
deront dissiper, s'ils veulent, la fortune publique ; et pour l'intérêt de vos enfants, si ce
n'est pour le vôtre, prenez soin de votre mé-
moire.

Si *le sacrifice est consommé*, comme on nous
l'a dit, ne poursuivons pas un reste de vie
dans les entrailles de la victime ; nous y pourrions trouver de sinistres présages.

J'accepte donc l'emprunt comme nécessaire,
réduit cependant aux seuls besoins de l'année
1817, et je repousse l'idée d'un système de crédit public comme moyen constant et régulier
de prospérité.

J'accepte le payement de l'arriéré ; mais en
demandant les formes les plus sévères de liquidation et la fixation la plus prompte du montant de cette partie de la dette ; et jusqu'à ce

qu'elle soit fixée et connue, j'ajourne la proposition de rendre négociables les reconnoissances de liquidation.

J'accepte la caisse d'amortissement, mais avec sa dotation actuelle, ou tout au plus augmentée des revenus des bois du domaine royal.

Je repousse toute proposition de vente des biens publics, 1°. comme interdite par la Charte qui abolit toute confiscation, et qui, en déclarant l'irrévocabilité des biens vendus, consacre par cela même l'inaliénabilité des biens invendus;

2°. Comme contraire à la politique, qui demande impérieusement la conservation d'une propriété dont la perte est aussi irréparable que l'utilité en est démontrée, d'une propriété dont la vente est un déshonneur pour une nation qui ne peut jamais être réduite à la honte de *faire cession de biens* à ses créanciers, pour payer des dettes constituées, et dont le capital n'est pas exigible;

3°. Comme contraire à la morale, en ébranlant le principe de toute société et même de

toute civilisation, le principe sacré du droit
de propriété.

Je repousse enfin la vente des forêts comme
une mesure inutile et fausse, même en finance,
puisqu'elle n'est pas nécessaire à l'emprunt,
qui certes est assez onéreux sans cela, et qu'elle
n'est point entrée dans ses conditions; enfin,
et surtout parce qu'elle n'est pas du tout nécessaire à la caisse d'amortissement, qui, sans
cette augmentation de dotation, opérera aussi
sûrement, quoique avec plus de lenteur, jusqu'au terme qui arrivera infailliblement où la
dette sera éteinte et les bois conservés.

Oui, messieurs, vous aurez éteint votre dette
et conservé vos forêts; trente, quarante ans ne
sont rien dans la durée d'une société : et quel
est le père de famille, quel est celui d'entre
vous qui, libre de payer, quand il voudroit et
comme il voudroit, des dettes à constitution
de rente et à une infinité de parties, pouvant
en acquitter les intérêts sans réduire la dépense
nécessaire de sa maison, préféreroit, pour se
libérer quelques années plus tôt, vendre, et
encore à vil prix, le patrimoine de ses enfants,

un patrimoine même substitué? et croiriez-
vous remplir votre serment et agir en bons et
loyaux députés, en conduisant les affaires de
l'État sur des principes d'administration, qui
vous feroient interdire comme prodigues, si
vous les suiviez dans la conduite de vos affaires
domestiques?

Connoissez votre position, messieurs, ou
daignez écouter ceux qui la connoissent. Tout
ce qui a été vendu de biens publics depuis le
retour du Roi, a été vendu à vil prix : tout
ce que vous mettrez en vente sera donné, et
les plus belles propriétés de la nation seront
échangées contre les plus vils papiers qui puissent traîner sur la place. Des hommes dont
rien ne sauroit assouvir la cupidité ni désar-
mer les haines, fondent déjà sur la vente de
nos forêts, l'accroissement de leur fortune particulière et la ruine de la fortune publique.
Aujourd'hui qu'il n'y a plus en France de particulier assez opulent pour solder le désordre,
c'est dans l'État lui-même qu'on cherche des
ressources pour troubler l'État ; le prix de ces
forêts sera employé, contre le vœu et l'espoir

de ceux qui en proposent la vente, à troubler
la France ; et si ces chênes que vous voulez
abattre, semblables à ceux de Dodone, rendoient des oracles, ils vous prédiroient des
malheurs.

Mais, messieurs, la nation a conçu de vous
d'autres espérances ; elle ne vous a pas envoyé
pour favoriser de honteuses et coupables spéculations. Les députés à la session de 1815 ont
eu l'honneur de sauver les biens des communes
et ceux de la religion. Une plus grande gloire
vous est réservée, et les députés de 1816 sau-
veront les biens de la religion et ceux de la
royauté.

Je vote contre l'aliénation d'aucune partie
des domaines publics, et l'affectation d'aucune
partie de leur capital à la dotation de la caisse
d'amortissement (1).

----

(1) On s'est refusé à l'évidence de deux raisons contre
l'affectation des forêts à la caisse d'amortissement et leur
aliénation.

1°. Une caisse d'amortissement, n'opérât-elle qu'avec
10 millions sur 10 milliards, éteindroit la dette dans un

temps donné. La nôtre, opérant avec 40 ou 50 millions, sur une dette de 12 ou 1,500 millions, l'avaleroit, si je peux ainsi parler ; et au bout d'un temps bien court dans la durée de la société, la dette seroit éteinte, et les forêts de l'État auroient été conservées.

2°. On dit que les forêts de l'État sont le gage des créanciers de l'État : rien de plus vrai ; mais est-ce des créanciers de 1815, ou des créanciers de tous les temps? L'État, débiteur perpétuel, parce qu'il a des besoins perpétuels, doit offrir à ses créanciers un gage perpétuel : aussi les biens de l'État ont été le gage des créanciers de François Iᵉʳ et de ses prédécesseurs ; ils sont encore le gage de ceux de Louis XVIII. Quel gage restera-t-il pour les créanciers des temps à venir? et quel droit ont les créanciers du moment actuel, à s'approprier à eux seuls le gage des créanciers de tous les temps?

FIN.

TABLE DES MATIÈRES
CONTENUES DANS LE SECOND VOLUME.

FIN DE LA TABLE DU SECOND VOLUME.

DE L'IMPRIMERIE DE CRAPELET.

www.ingramcontent.com/pod-product-compliance
Lightning Source LLC
Chambersburg PA
CBHW072013270326
41928CB00009B/1644